최혜영의
손이 편한 골프

www.choigolf.com

최혜영 프로 Profile

_ 미 LPGA Asian Member Advisor
_ 사단 법인 CAGA(Class A Golfers' Association) 회장
_ J Golf 〈최혜영의 손이 편한 골프〉 50부작 방송 출연(2007.9~)
_ LPGA New Release와 www.LPGA.com Stats & News에
〈최혜영의 반대로 하는 골프〉책 소개와 함께 뉴스의 인물로 게재(2004.3~)
_ 〈최혜영의 반대로 하는 골프〉책 출간과 26부작 방송 출연, DVD 출간(2003.10)
_ 한국국적 최초 미 LPGA Class A Teaching Professional(2000)
_ LPGA Class A Teaching Evaluation Test 만점획득(2000.11)
_ 조선일보 '신개념 골프', '맞춤 골프', '내추럴 골프', '기본으로 돌아가자',
매일경제신문 '골프의 마법사', '렛슨 현장' 등 칼럼 연재(2000~2003)
_ 한국 국적 최초 미 LPGA Teaching Professional Member(1996)
_ 골프 코스 디자인 최우수상 수상, 샌디에고 골프 아카데미^{SDGA}(1995.8)
_ Golf Complex 운영 및 관리: Business Degree(1995.8)
_ 어드밴스 골프 클럽 수리 자격증 획득(1995.8)
_ 연세대학교 가정대학 과수석 입학, 정법대학 행정학과 부전공

최혜영의
손이 편한 골프

과학과 예술의 혼은
뇌에서 나올지언정
그것을 현실화시키는 것은 바로 손이다.
골프에서는 더욱 그렇다.
훌륭한 골프 스윙은
클럽을 휘두를 수 있는 두 손에 의해 이루어진다.
거리, 파워, 스피드는
왼손 그립의 몫이고
방향을 잘 제어해주는 것은
오른손 그립의 몫이다.
골프는 결국 거리와 방향의 스포츠이므로
거리와 방향의 모든 비밀을 담고 있는
두 손을 편하게 한다면
훌륭한 골프 스윙을 얻게 될 것이다.

Prologue

손이 편해야
　마음과 스윙이 편안해진다

미국에서 LPGA Class A 자격을 따고 한국으로 돌아와 신문과 잡지에 칼럼을 쓰면서 국내 활동을 시작한 게 엊그제 같은데 골프를 가르쳐 온 지도 벌써 10년이 지나가고 있다. 첫 번째 책 〈최혜영의 반대로 하는 골프〉의 출간이 2003년 가을이었는데, 공교롭게 이 글을 쓰고 있는 지금 역시 가을이라 마치 시간이 멈춰선 것 같다.

첫 책의 출간 이후 4년 동안 독자들에게 꾸준한 사랑을 받아왔다. 나 또한 그만큼 열심히 뛰고 강의하며 그 속에서 우리나라 골퍼들의 열정을 새롭게 발견할 수 있었다. 수많은 기업체 세미나, 공개 레슨 등을 통해 아마추어 골퍼들이 편안하게 골프를 즐길 수 있는 방법을 끊임없이 고안하고 가르칠 때마다 보람을 느낄 수 있었다. 특별히 주니어 골퍼들을 만나는 일은 남다른 기쁨이었다. 어린 그들의 감각(시각, 청각, 촉각)에 맞는 여러 종류의 티칭 방법을 연구, 개발하여 그들을 상대로 레슨할 때면 내 안에 숨어 있는 열정이 샘솟곤 했다.

이러한 그간의 경험과 독자들의 격려 덕분에 두 번째 책 〈최혜영의 손이 편한 골프〉를 출간하게 되었다. 이 책은 쉽고 반복적인 레슨에 최고의 자료를 활용해 실제 움직임을 가장 잘 표현한 책이라 자신할 수 있다. 무엇보다도 가장 기초이자 정확성이 필요한 그립 부분은 이제까지 골퍼들이 알고 있던 기존 설명을 완전히 뒤집는, 골퍼들에게는 정말 놀랄 만한 내용이 될 것이다. 그리고 그립뿐만이 아니라 골퍼 각자의 체형에 맞게 가장 편안한 자세로 클럽 헤드의 스피드를 최대한 가속시킬 수 있는 방법, 정확하고 일정한 방향성을 갖출 수 있는 좀 더 구체적이고 자세한 방법들을 이 책에 담아냈다.

골프는 두 손으로 쥔 기구, 즉 클럽을 운영하여 파워와 정확성을 발휘하는 스포츠다. 따라서 아무리 마음과 호흡을 가다듬어도 클럽을 잡은 두 손이 불편하다면 올바른 스윙을 할 수 없다. 결국 손이 편해야 모든 움직임이 편해지며, 마음도 편안해지는 법이다.

책 출간에 앞서 왼손잡이 골퍼들에게는 늘 미안한 마음과 아쉬움이 든다. 처음 기획하는 단계에서는 이 부분에 대한 보완을 염두에 두고 있었다. 왼쪽, 오른쪽이라는 단어 대신 리딩하는 쪽과 따라가는 쪽, 왼발, 오른발 대신 앞발과 뒷발로, 왼손과 오른손 대신 위쪽 손과 아래쪽 손 등으로 표현하여 왼손잡이 골퍼들을 배려한 표현을 쓰고 싶었지만, 결과적으로 하지 못했다. 대다수인 오른손잡이 골퍼에게 혼란을 줄 수 있다는 우려가 앞섰기 때문이다. 앞으로 5년 안에 레슨 관련 단어를 통일시켜 오른손잡이 골퍼, 왼손잡이 골퍼 모두가 혼돈하지 않고 함께 활용할 수 있는 골프 레슨 교본서를 만들 생각이다.

이 책이 탄생하기까지 찌는 듯한 무더위도 마다하지 않고 좋은 스윙을 보여준 김성수 프로와 손지훈 프로, 사진 촬영과 훌륭한 편집으로 이 책을 더욱 빛나게 해준 임수혁 이사와 김태형 님, 프로들의 스윙과 체형에 맞는 오렌지 샤프트 클럽을 제작해주신 MFS의

전재홍 대표님, 이 책이 세상의 밝은 빛을 볼 수 있도록 격려해 주시고 다양한 노하우를 바탕으로 많은 도움을 주신 시공사 단행본 편집팀, 촬영 장소를 기꺼이 제공해주신 마이더스 골프 코스 임직원 일동에게 깊은 감사의 마음을 전한다. 이 모든 분들이 있었기에 이 책이 알찬 내용과 멋진 모습으로 세상에 나올 수 있었다.

마지막으로 내가 골프를 시작하고 레슨에 매진할 수 있도록 이끌어준 데이비드 브로밀로와 골프를 너무 사랑해 골프라는 말만 들어도 가슴부터 설레며 잠 못 이루는 CAGA (Class A Golfers' Association)의 모든 프로 및 희생과 봉사를 아끼지 않는 CAGA의 스태프들에게, 또 이제 막 골프에 입문한 골퍼, 골프의 재미에 푹 빠져 사는 아마추어 골퍼, 자신의 생을 골프에 바치고 있는 프로 골퍼 모두에게 이 책을 바친다.

최혜영

Foreword

골프를 사랑하는 사람들의 필독서

책이란 처음 낼 때보다 두 번째로 낼 때가 더욱 어렵고 힘들다고 한다. 첫 번째 책에 대한 반성과 함께 더 나은 성과를 욕심내게 되어 출판을 결정하기까지가 꽤나 쉽지 않았다고 들었다. 2003년 발행한 〈최혜영의 반대로 하는 골프〉가 해마다 새로이 찍혀 나오고 있건만 또다시 출간이라니. 역시 최 프로답다는 생각이 들었다. 끊임없는 그의 성취욕처럼 이번 책 또한 새로운 도전을 예고하고 있다. '반대로' 라는 단어의 의미가 실은 체계적인 골프 이론의 정립을 역설하는 것처럼, 이번에 발행하는 〈최혜영의 손이 편한 골프〉 또한 예사롭지 않은 뜻을 품은 듯 보인다. 새로운 치밀함과 대단함이 돋보이는 이 책은 실전에서 활용할 수 있는 유용한 정보들을 알려주기 위한 교습서로, 첫 번째 책과는 또다른 성격의 필독서라 할 만하다.

　　　　최혜영 프로와의 인연은 올해로 5년째에 접어든다. 그를 처음 만난 것은 한 언론사가 주최한 '2002한국골프종합전시회'에서였다. 이후 최혜영 프로는 대중에게 맞는 레슨을 꾸준히 개발해 왔으며, 나는 정교한 시뮬레이터 개발에 매진해 왔다. 우리가 각종 방송과 이벤트를 진행할 때마다 골프의 대중화에 이바지하기 위해 각자의 위치에서 상호 협조해 왔다. 서로 오랜 기간 꾸준히 노력한 덕분인지 이제는 골프가 많이 대중화되었다는 느낌이 든다. 앞으로도 최혜영 프로의 더 많은 활동을 기대하며 재도약하는 의미의 두 번째 책 〈최혜영의 손이 편한 골프〉 출간을 진심으로 축하한다.

(주)골프존 대표이사　김영찬

누구나 쉽게 이해되는, 보기 편한 골프 교습서

프로건 아마추어건 골퍼치고 손에 굳은살 한번 배겨보지 않은 사람은 없을 것이다. 초보 시절 손에 물집이 잡혔다 터지는 고통이 반복됐지만 그것이 골프에 대한 나의 열정을 가로막지는 못했다. 싱글 플레이어가 된 지금에야 깨달은 사실은 초보 때 그토록 손이 고생했던 건 많은 연습량 때문이라기보다는 잘못 잡은 그립 때문이었다는 것이다. 이 책이 진작 나와줬더라면 그렇게 손을 힘들게 만들진 않았을 거라는 생각이 든다.

대부분의 골퍼들은 자신이 생각하는 스윙과 남이 보는 실제 스윙 사이에 차이가 있다는 사실을 모르고 있다. 예를 들어 자신은 분명 체중 이동을 한다고 생각하는데 실제로는 역피봇이 일어나는 경우가 그렇다. 이 책의 자세한 사진과 설명은 우리가 오해하고 있는 스윙 이론을 새롭게 정립하고 올바른 이미지로 고쳐나갈 수 있도록 해줄 것이다.

〈최혜영의 손이 편한 골프〉는 머리 싸매고 앉아 공부하듯 읽는 책이 아니라 가볍게 책장을 넘기며 그림만 봐도 골프 스코어를 향상시켜주는 그런 교습서다. 이 책을 봄으로써 초보자에게는 어렵게만 느껴지던 골프가 친근한 스포츠로 다가서고 로우 핸디 캐퍼나 프로 골퍼는 이론과 실전 모든 면에서 강한 골퍼로 거듭날 것이다.

서울디자인센터장 / 홍익대학교 국제디자인대학원장 김철호

Contents

Chapter 1
모든 골퍼들에게 똑같은 스윙을 강요할 수 없다

- **18** 모든 골퍼들에게 똑같은 스윙을 강요할 수 없다
- **20** 체형이 다르면 스윙이 어떻게 달라질까?
  전체적 특징 / 스윙의 특징 / 프리 스윙 / 백 스윙 / 다운 스윙

Chapter 2
골프 스윙을 이해하기 위한 기본 준비

- **34** 골프 스윙의 기본개념
- **36** 골프는 반대로 하는 운동이다
- **38** 클럽 헤드의 토가 힐보다 앞서 가야 한다
- **40** 스윙 궤도는 인사이드에서 인사이드로
- **42** 이상적인 스윙 플레인을 만들려면
- **44** 스윙 플레인은 체형에 따라 다를 수 있다
- **46** 백 스윙 플레인이 플랫하면
- **48** 스윙 플레인을 교정하려면
- **50** 라이 각이란
- **52** 자신에게 맞는 스윙 리듬을 찾아라
- **54** 타이밍 찾는 방법
- **56** 견고한 샷을 만드는 방법
- **58** 파워를 유지하는 방법
- **60** 거리를 늘리는 방법

Chapter 3
골프 스윙은 근육의 기억으로 하라

- **64** 올바른 근육의 기억으로 스윙 고치기
- **66** 라운드 전후의 스트레칭은 필수
- **68** 헤드 스피드를 더 가속화하려면
- **70** 쥐는 힘을 키워야 빠른 임팩트가 가능하다

Chapter 4

스윙을 위한 7가지 준비

74 에임
　　가장 정확하게 반복해야 하는 에임
　　뚱뚱한 체형은 몸을 타깃의 오른쪽으로 정렬하라

78 스탠스
　　체형에 따른 스탠스의 너비

80 발 벌림
　　왼발의 벌림에 따라 임팩트 타이밍이 달라진다
　　클럽에 따라 발의 자세도 달라야 한다

84 볼의 위치
　　볼의 위치에 따라 스윙 궤도도 변한다
　　볼, 클럽의 끝과 두 손의 위치
　　왼손 그립과 볼의 위치

90 그립
　　그립에 대한 올바른 이해
　　잘못 알고 있는 왼손 그립을 고쳐야 한다
　　오른손은 방향을 잘 컨트롤 할 수 있도록 그립해야 한다
　　양손 엄지손가락에 대하여
　　체형별 효과적인 그립 형태
　　왼손을 강하게 잡으면 오른쪽 팔꿈치 걱정이 없어진다
　　왼손의 강한 그립으로 역피봇 현상과 코킹 문제를 해결한다

112 몸무게의 배분, 볼과 몸의 간격
　　백 스윙 플레인 걱정을 없애기 위한 방법
　　몸과 볼의 간격을 잘 맞추는 것이 우선이다

116 바른 포스쳐
　　등과 무릎을 굽히지 말고 허벅지를 내미는 자세로 서라
　　척추는 20° 이상 숙여야 한다
　　턱과 두 팔은 땅에 떨어뜨리는 느낌을 가져라

Chapter 5
실제 스윙 잘하기

124 스윙의 점화
　　　반동을 이용한 부드러운 동작으로

126 테이크 어웨이
　　　체형에 따라 테이크 어웨이 스타일도 다르다
　　　인사이드 테이크 어웨이가 지나치면
　　　두 발을 다듬거려야 리듬 있고 일체감 있는 스윙을 할 수 있다
　　　오른쪽 옆구리와 팔꿈치 사이에 공간을

132 백 스윙
　　　스피드 내려면 백 스윙을 간결하게
　　　체형마다 다른 코킹 방법
　　　백 스윙의 1/2, 3/4 위치에서 클럽 페이스의 스퀘어를 점검
　　　왼팔은 몸통에 붙이고 오른팔은 떼어야
　　　백 스윙 톱에서의 클럽 페이스 방향
　　　보통 체형 골퍼의 백 스윙은 지렛대 원리로
　　　키가 크고 마른 체형의 골퍼는 팔을 높이 올려 스윙
　　　상체 근육형 골퍼는 오른 팔꿈치가 플라잉 엘보되어야

146 다운 스윙
　　　보통 체형 골퍼의 다운 스윙
　　　키가 크고 마른 체형 골퍼의 다운 스윙
　　　키가 작고 상체가 뚱뚱한 골퍼의 다운 스윙

150 임팩트
　　　어깨와 히프의 턴이 있어야 한다
　　　왼 손등으로 볼을 치는 느낌을 가져라
　　　임팩트 구간에서의 왼발과 오른발

156 폴로스루
　　　올바른 폴로스루 자세를 만든 채 10초간 유지하라
　　　로테이션에 대한 올바른 이해
　　　임팩트 후 왼팔을 빨리 접어라

162 피니시
　　　보통 체형 골퍼의 피니시
　　　키가 작고 상체 뚱뚱한 골퍼의 피니시
　　　키가 크고 마른 골퍼의 피니시
　　　제대로 된 피니시 동작을 해보지 못한 골퍼들을 위하여

Chapter 6

골프 스윙의 발전을 위한 X-파일

- **174** 몸의 꼬임을 기억하라
- **176** 손목 코킹 훈련
- **178** 백 스윙 때 어깨와 몸통의 회전
- **180** 복근을 길러야 올바른 회전이 가능하다
- **182** 레이트 히트는 왼팔과 왼손의 로테이션이 함께 해야 한다
- **184** 왼손 하나로만 연습해야 왼팔 로테이션을 할 수 있다
- **186** 팔, 손, 클럽의 움직임을 절제하라
- **188** 폴로스루 때 몸의 일체성 유지 연습법
- **189** 스웨이 고치는 법
- **190** 역피봇이란
- **192** 백 스윙 때 역피봇 현상 치료법

Chapter 7

잘못 알고 있는 이론

- **196** 오른팔을 쓰지 말고 왼팔로만 스윙하라?
- **198** 기마 자세를 만들어라?
- **200** 핸드 포워드하라?
- **202** 백 스윙을 느리게 하라?
- **204** 코킹이 늦다?
- **206** 백 스윙 때 오른팔을 몸에 붙여라?
- **208** 백 스윙 때 어깨를 턱 밑에 넣어라?
- **210** 백 스윙 때 왼팔을 펴라?
- **212** 다운 스윙 때 오른팔을 옆구리에 붙여라?
- **214** 두 손은 로테이션되어 있어야 한다?
- **216** 머리를 절대 움직이지 마라?

Chapter 8
문제의 샷 즉석에서 해결하기

220 슬라이스 샷
　　티 샷하는 위치를 바꾸면 샷의 구질도 바꿀 수 있다
　　아마추어 골퍼의 슬라이스 샷을 고치는 방법
　　슬라이스 샷에서 드로우 샷으로 바꾸는 방법

226 훅 샷
　　훅 샷의 대부분은 그립과 에임이 원인이다
　　아마추어들의 훅 샷을 고치는 방법

230 뒤땅 샷
　　뒤땅 샷에서 벗어나는 세 가지 방법
　　백 스윙보다 피니시에 주력해라

234 토핑 샷
　　토핑 샷을 고치는 방법
　　드라이버 토핑 샷은 볼의 15~20cm 뒤에 클럽을 떨어뜨려야
　　찍어 치되 폴로스루한다는 생각을

238 생크 샷
　　생크 샷을 고치는 방법
　　인사이드 샷을 너무 강조하면 생크 샷이 나온다
　　웨지 클럽의 생크 샷을 막는 방법
　　롱 클럽의 생크 샷을 막는 방법

244 스카이 샷
　　스카이 샷을 고치는 방법
　　드라이버의 로프트가 커서 볼이 뜨는 것이 아니다

248 타깃의 오른쪽에 떨어지는 샷
250 긴 클럽 사용 때 타깃의 왼쪽으로 가는 샷
251 짧은 클럽 사용 때 타깃의 왼쪽으로 가는 샷

Chapter 9
돌발 상황 대처법

254 볼이 발보다 높게 위치한 경우
256 볼이 발보다 낮게 위치한 경우
258 오르막 라이에서의 셋업과 스윙
260 내리막 라이에서의 셋업과 스윙
262 페어웨이 벙커, 러프 등 어려운 상황 탈출법
264 앞 바람이 강할 때
266 볼을 띄워 장애물을 넘겨야 할 때

Chapter 10
숏 게임

270 퍼팅
- 퍼터의 선택
- 퍼팅의 기본 개념
- 머리를 움직이지 말라
- 오른손으로는 거리, 왼손으로는 방향을 컨트롤하라
- 입스 없애는 법
- 그린 경사를 더 읽어야 하는 경우들
- 빠른 그린을 위한 스피드 조절 연습
- 볼 뒤의 풀이 길때는 볼을 퍼터 토로 찍어 쳐라

284 치핑
- 칩 샷 때 양 손목은 고정하고 피니시는 낮게 하라
- 칩 샷의 두 가지 포인트
- 칩 샷이나 피치 샷 때는 클럽 페이스를 스퀘어하게 유지하라
- 그립은 퍼터처럼 셋업과 스윙은 칩 샷처럼
- 우드 클럽으로 칩 샷하기
- 프린지 경계에선 샌드 웨지로 퍼팅하라

294 피칭
- 올바른 피치 샷의 노하우
- 견고한 피치 샷을 위한 보물
- 무릎과 히프의 리드로 몸과 클럽이 함께 회전해야 한다
- 볼을 높이 띄우며 스핀을 많이 주어야 할 때

302 그린 주변에서의 벙커 샷
- 벙커 샷을 위한 기본 철칙
- 샌드 웨지의 플랜지가 모래 속을 파고 들어가게 스윙하라
- 그린에서 볼을 빨리 세워야 할 때
- 딱딱한 모래 바닥 벙커에서의 샷은 피칭이나 9번 아이언이 낫다

Chapter 1

모든 골퍼에게 **똑같은 스윙**을 강요할 수 없다

남에겐 마술인 스윙이 나에겐 독약이 될 수 있다.

모든 골퍼에게 똑같은 스윙을 강요할 수 없다

투어 프로처럼 뛰어난 골퍼들이 왜 하나같이 서로 다른 스윙을 구사하는 걸까?, 다른 운동은 곧잘 하는데 왜 골프만 잘 안 되는 것일까?, 스윙 감각을 쉽게 잃어버리는 이유는 무엇이며 다시 회복하는 데 그토록 많은 시간이 걸리는 이유는 어디에 있는 걸까? 많은 골퍼들이 이 같은 어려움을 호소하지만 골프 자체가 원래 어렵다거나 또는 일반 골퍼들의 내재적인 기술이 부족한 것이 그 원인은 아니다. 골퍼들 대부분이 자신의 체형에 맞는 스윙 형태를 찾지 못하고 자신과 맞지 않는 이상적인 모델형 스윙을 따라 하면서 자신이 가진 골프 잠재력을 최대한 발휘하지 못할 뿐 아니라 약점은 더욱 강조되고 장점은 오히려 희석되어 버리기 때문이다.

언제나 최고의 골퍼로 자리매김해온 잭 니클라우스마저도 부상으로 인해 이전의 유연성을 상실했음에도 불구하고 옛 스윙의 패턴을 그대로 유지하려고 했을 뿐 나이 들고 부상당한 자신에게 맞는 새롭고 적절한 스윙을 개발하지 않았다. 결국 이제는 단지 훌륭했던 원로 골퍼로만 남아 있을 뿐이다.

서양인처럼 키가 크고 마른 체형의 골퍼에게는 마술이 되는 스윙 동작이라도 키가 작고 상체가 두터운 동양인 골퍼들이 그대로 따라 하게 되면 바로 그것이 비극이 될 수 있는 것이다. 즉 자신의 체형에 맞는 골프 스윙을 제대로 알고 연습해야 한다.

모든 골퍼에게 똑같은 스윙을 강요할 수 없다　19

체형이 다르면 스윙이 어떻게 달라질까?

전체적 특징

구분	상체 근육형	보통 체형	키 크고 마른 체형
		_상체 근육형이면서 유연성이 많은 골퍼 _키가 크고 마른 체형이면서 유연성이 적은 골퍼	
유연성	적다	적당하다	많다
주된 파워 원천	넓은 어깨와 등 근육, 체중 신체적 강함과 체중 이동	지렛대의 원리와 기계적, 역학적 에너지 손목 코킹, 상하체 코일	키와 팔 길이에 의한 위치 에너지와 원심력 두 팔에 의한 스윙 아크
파워 키우기 연습 도구	야구 스윙 연습 야구배트	코킹 도구 및 클럽으로 손목 코킹 연습, 복근 운동 무거운 클럽, 아령	멀리, 높이 공 던지기 연습 야구공

유연성 비교 분석

백 스윙 톱 구간에서의 어깨각과 히프각의 차이를 비교하면 몸통 유연성을 분석할 수 있는데 키가 크고 마른 체형 골퍼의 수치가 크므로 좀 더 유연성이 있다고 볼 수 있다. 아래의 모션 캡쳐 영상은 백 스윙 톱 순간을 위에서 내려다본 모습이며 파란 선은 어드레스부터 백 스윙 톱까지 클럽 샤프트의 궤적을 나타낸다. 아래 그래프에서 빨간 세로줄은 백 스윙 톱의 시점을 표시한다. 그래프의 가로축은 시간이며 세로축은 코일링 각도를 나타낸다.

상체 근육형 골퍼는 백 스윙 톱 직전에 그래프가 한 번 더 가파르게 튀어오른 것을 볼 수 있다. 이는 백 스윙 톱에 이르기 직전 다운 스윙을 리드하는 히프의 회전 동작으로 인해 코일링이 극대화되었다는 것을 증명한다.

키가 크고 마른 체형의 골퍼는 백 스윙 톱 직후에 코일링이 최대가 되었는데 백 스윙 톱에서 측면 이동으로 먼저 다운 스윙을 리드하고 회전 동작이 뒤이어 나타났기 때문이다.

아마추어 골퍼에게서는 이러한 가파른 이중 곡선이 거의 나타나지 않는다. 백 스윙 톱으로 가면서 다운 스윙이 시작될 때 히프가 리드하는 동작 없이 상체가 먼저 움직이거나 하체와 상체가 동시에 움직이기 때문이다.

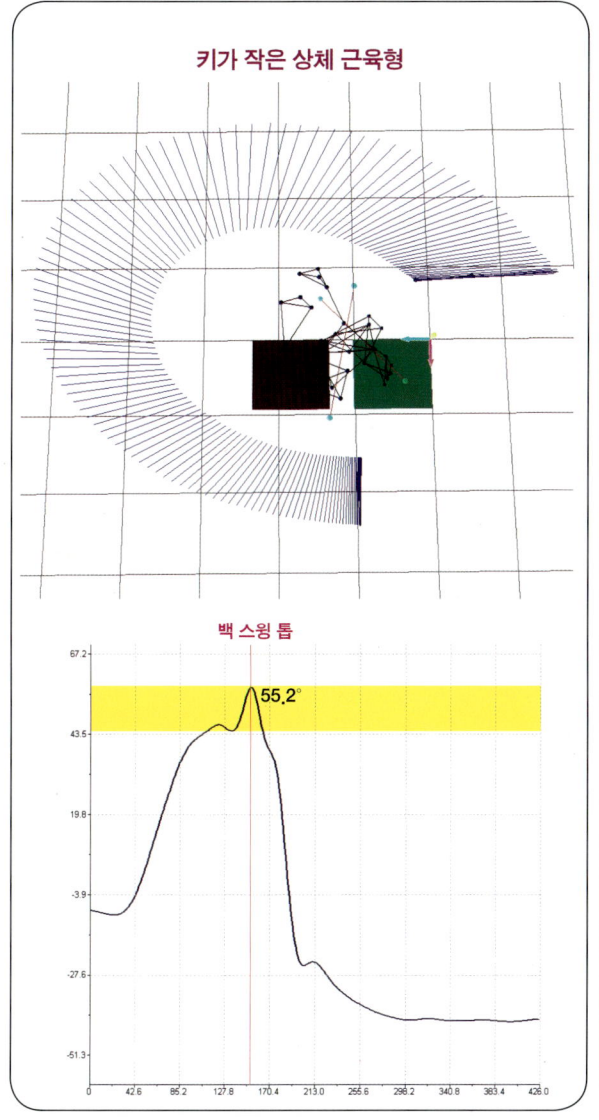

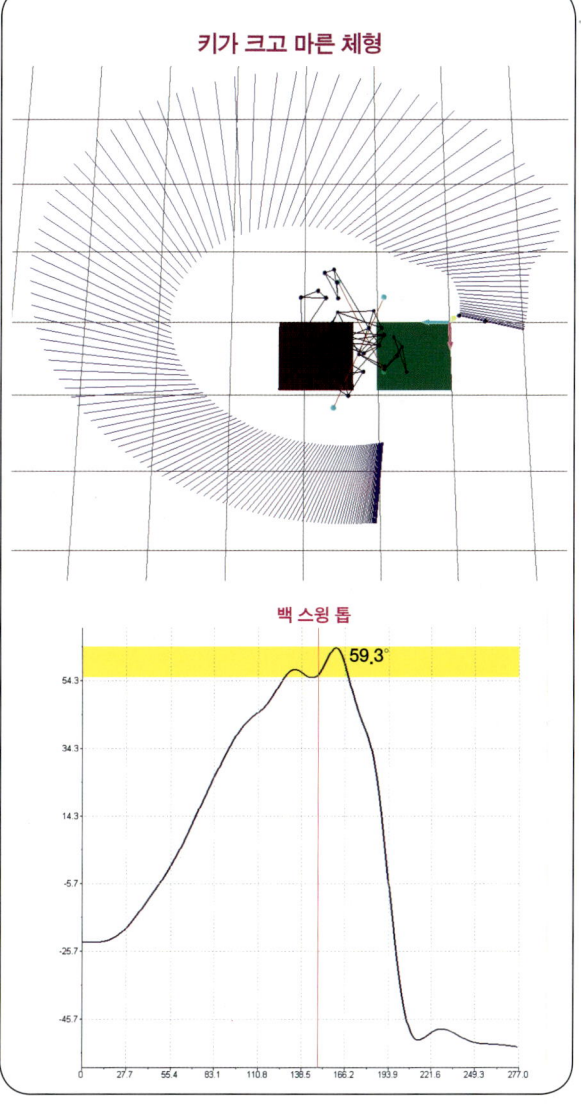

스윙의 특징

구분	상체 근육형	보통 체형	키 크고 마른 체형
히프 턴	백 스윙 평면 히프 턴 다운 스윙 평면 히프 턴	백 스윙 평면 히프 턴 다운 스윙 평면 히프 턴	백 스윙 오른쪽 히프가 높다 다운 스윙 왼쪽 히프가 높다
스윙 형태의 특징	펀치 모션 punch motion (pushing)	로테이션 rotation 하체 고정하고 상체를 코일링, 리코일링 하는 모습	다운 스윙 때 8자 모양의 드롭 인사이드 drop inside 임팩트 때 롱 스파인 long spine
체중 이동	상체 측면 이동	척추의 측면 이동	히프의 측면 이동
손동작	움직임이 없다	보통, 약간의 로테이션	움직임이 많다
주된 공간 활용 dimension	넓이 width	깊이 depth	높이 height

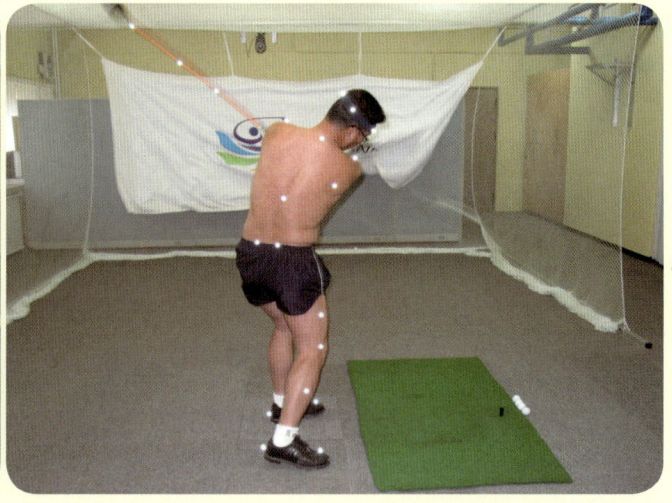

모션 캡처링 자료와 그래프 분석 자료는 스윙뱅크의 시스템을 이용하여 상체 근육형 골퍼와 키가 크고 마른 체형 골퍼의 스윙을 실제로 분석한 결과이다.

스윙뱅크는 3D Human Modeling을 연구하는 연구기관이자 업체이다. 2002년도 중앙연구소인 성균관대학교 생명공학부 바이오 메카트로닉스센터 Biomechatronics Center에서 기술이전을 받아 2007년도 현재는 비엠이코리아 BME KOREA의 업체로 출범하였다. 스윙뱅크에서 개발한 3차원 인체 모델은 골프 스윙 분석 전문 인체 모델로서 스윙 시 인체에서 발생하는 궤적, 각도, 속도, 힘과 모멘트들을 복합적으로 산출해내 스윙 능력을 향상시키는 것을 목적으로 한다.

히프의 높이 비교 분석

키가 작은 상체 근육형
백 스윙, 다운 스윙을 하면서 좌우 히프 높이에 많은 변화가 없다.

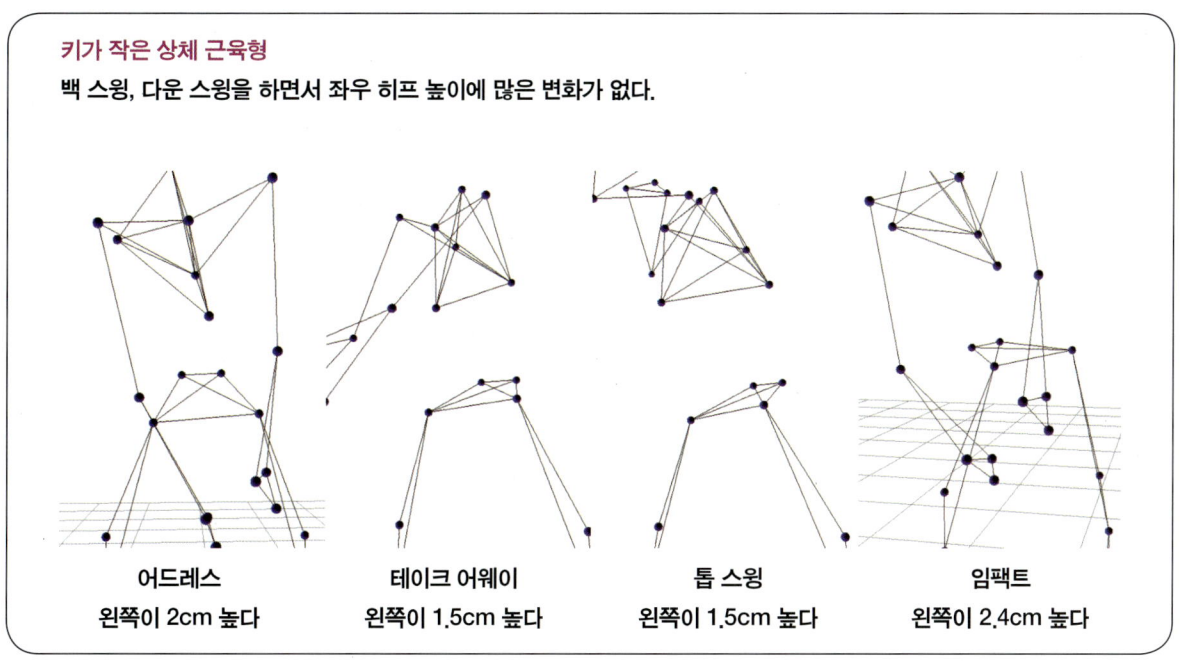

어드레스 / 왼쪽이 2cm 높다
테이크 어웨이 / 왼쪽이 1.5cm 높다
톱 스윙 / 왼쪽이 1.5cm 높다
임팩트 / 왼쪽이 2.4cm 높다

키가 크고 마른 체형
백 스윙 톱에 가면서 오른쪽 히프가 왼쪽 히프보다 높아지면서 약간의 히프 리버스 같은 현상이 있다.
그러나 다시 임팩트에 오면서 왼쪽 히프가 오른쪽 히프보다 훨씬 높아진다.

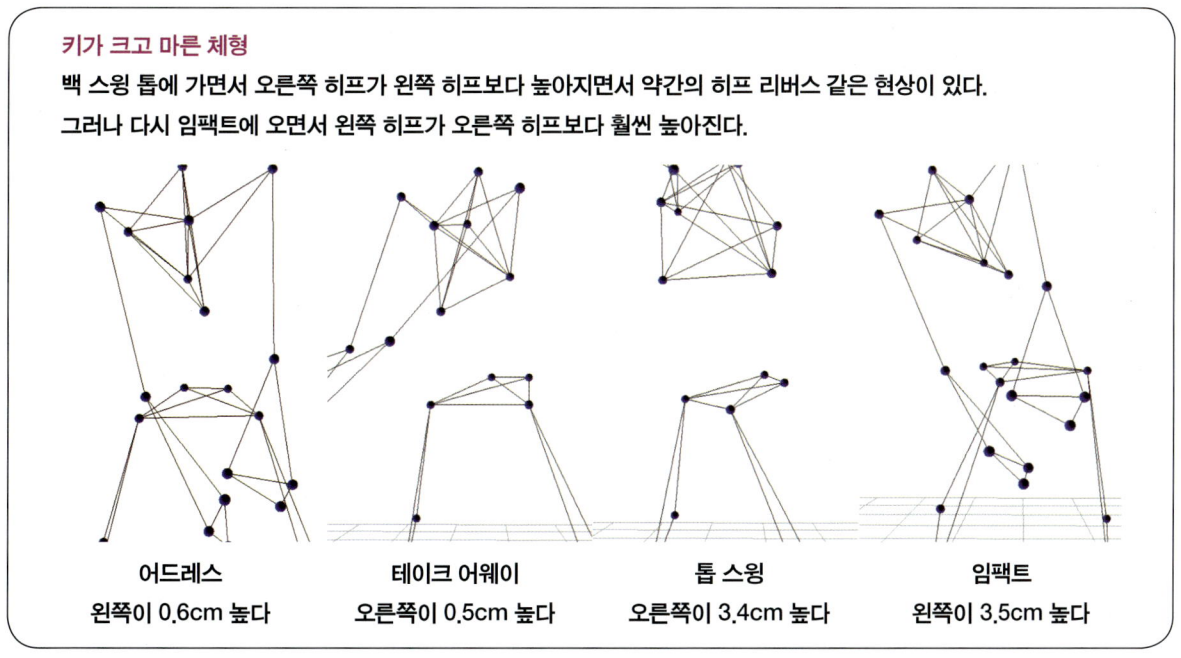

어드레스 / 왼쪽이 0.6cm 높다
테이크 어웨이 / 오른쪽이 0.5cm 높다
톱 스윙 / 오른쪽이 3.4cm 높다
임팩트 / 왼쪽이 3.5cm 높다

프리 스윙 pre-swing

구분	상체 근육형	보통 체형	키 크고 마른 체형
그립	왼손 스트롱 오른손 위크	왼손 뉴트럴 오른손 뉴트럴	왼손 약위크 오른손 뉴트럴
엄지손가락	롱 섬 long thumb	미디엄 섬 medium thumb	숏 섬 short thumb
발 모양과 스탠스 stance	클로즈드 스탠스 closed stance 오른발, 왼발 30°이상 벌림 flare	스퀘어 스탠스 square stance 오른발, 왼발 15°~30° 벌림 flare	힐 클로즈드 스탠스 heel closed stance 왼발 벌림 flare 오른발 타깃 라인에 직각 square
측면에서 본 척추 각도 spine angle (side view)	20° 이상 앞으로 숙인 채 구부러져 있음 bent over	20° 정도 기울어져 있음 normal	20° 이하로 기울어져 있음 upright
정면에서 본 척추 각도 spine angle (front view)	2° 정도 오른쪽으로 기울어져 있음	2° 정도 오른쪽으로 기울어져 있음	2° 이상 오른쪽으로 기울어져 있음
히프	밑으로 처짐	바깥으로	위로
볼 위치	일반적인 것보다 뒤쪽에 위치	일반적인 위치	일반적인 것보다 앞쪽에 위치
에임 aim	타깃의 오른쪽	타깃과 평행	히프와 발 뒤꿈치가 타깃의 오른쪽

골프는 각도의 게임이다.

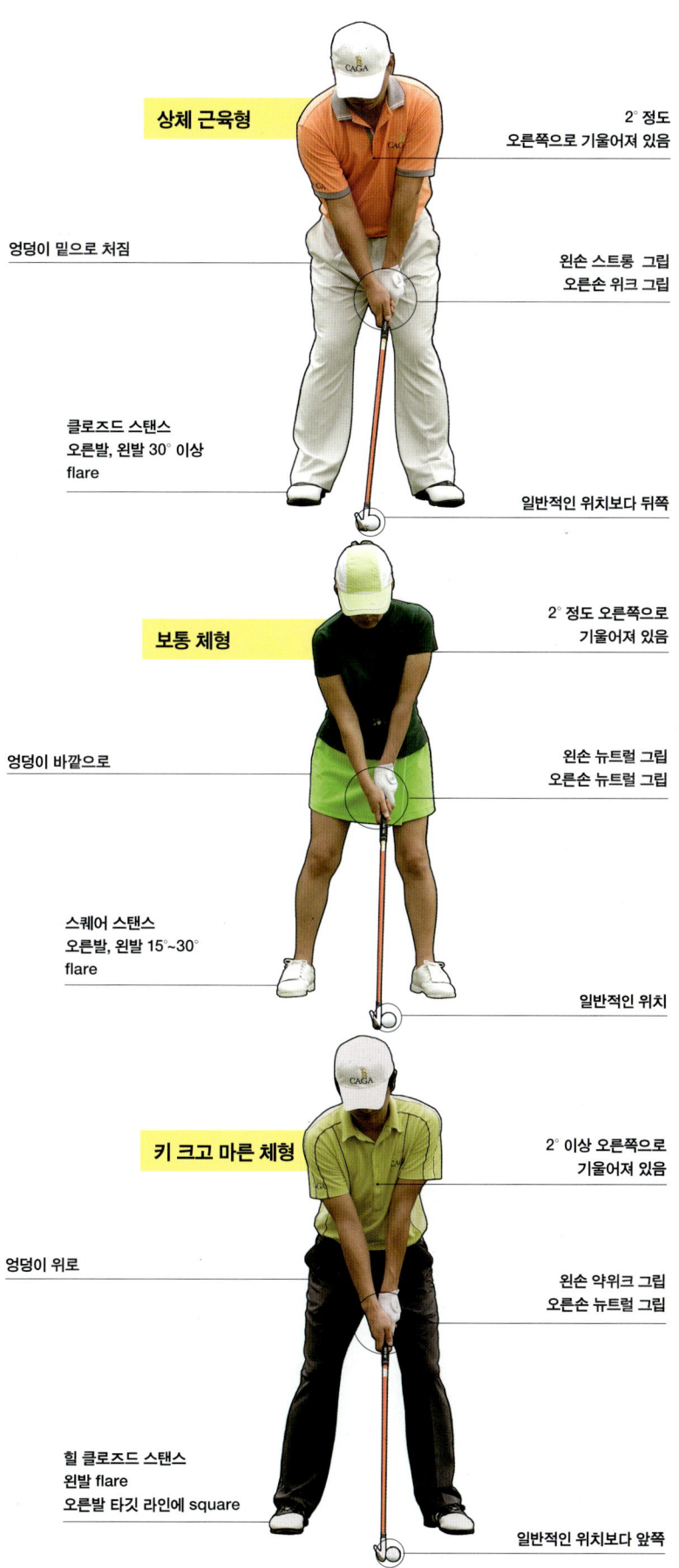

백 스윙 back swing

구분	상체 근육형	보통 체형	키 크고 마른 체형
테이크 어웨이	왼쪽 어깨로부터 시작한다	클럽 〉 손 〉 팔 〉 어깨 〉 몸통 〉 히프 〉 무릎 〉 발	가슴이 중심이 되어 모두 함께
코킹	오른쪽 히프에 오기 전 오른쪽 바지줄 정도에서 코킹	오른쪽 히프에서부터 코킹	위로 올라가면서 아주 늦게 코킹
1/2 백 스윙	클럽 헤드는 위로 향한다 두 손은 아래로 향한다	클럽 헤드는 약간 높다 두 팔 사이 공간 window 생김	클럽 헤드와 두 손이 같은 위치에 있다
오른팔 접기	바깥쪽으로	뒤쪽으로	위쪽으로
백 스윙 톱 옆 모습	오른팔 앞부분과 등 축 평행 오른쪽 팔꿈치 바깥쪽으로 왼팔 어드레스 때 샤프트 플레인보다 낮은 각으로	어깨 플레인과 왼팔 플레인 평행 오른쪽 팔꿈치 뒤쪽 향함 왼팔 어드레스 때 샤프트 플레인과 평행하다	왼팔 플레인 어깨 플레인보다 가파르다 오른쪽 팔꿈치 지면을 향하고 어깨와 같은 높이 왼팔 어드레스 때 샤프트 플레인보다 가파른 각으로 높게
스윙 축 정면	오른쪽 히프	척추 spine	흉골 top of spine (sternum)
다리와 무릎 백 스윙 톱	오른쪽 무릎 구부리고 있음 왼쪽 무릎 볼 앞쪽을 향함	오른쪽 무릎 구부리고 있음 왼쪽 무릎 볼을 향함	오른쪽 무릎 약간 펴져 있음 왼쪽 무릎 볼 뒤쪽을 향함
올바른 백 스윙 drill 방법	오른쪽 겨드랑이에 수건 끼고 수건 떨어뜨리는 연습하기	지면에 무릎 대고 앉아서 오른팔로 왼팔 당기기 수건 당기기	긴 막대를 오른 발가락에서 5번 아이언 정도 거리를 두고 지면에 꽂아 세운 채 클럽 헤드가 막대에 닿을 때까지 테이크 어웨이하는 연습

골프는 중용을 좋아한다.

코킹 포인트 비교 분석

그래프의 가로축은 시간을 표시하며 세로축은 클럽 샤프트와 팔이 이루는 각을 나타낸다. 이 그래프로 코킹이 이루어지는 시점을 알 수 있다.

백 스윙 스타트부터 테이크 어웨이 구간(파란색 클럽 샤프트의 궤적이 보이는 구간)에선 손목의 꺾임 없이 어깨 회전으로만 이루어지기 때문에 그래프는 거의 수평을 이룬다. 코킹이 시작될 때 샤프트와 팔이 이루는 각이 작아지기 시작하여 백 스윙 톱에 이르면 손목 코킹이 완성되기 때문에 각이 가장 작아지게 된다. 이후 임팩트 순간 클럽 샤프트와 팔이 이루는 각은 가장 커진다.

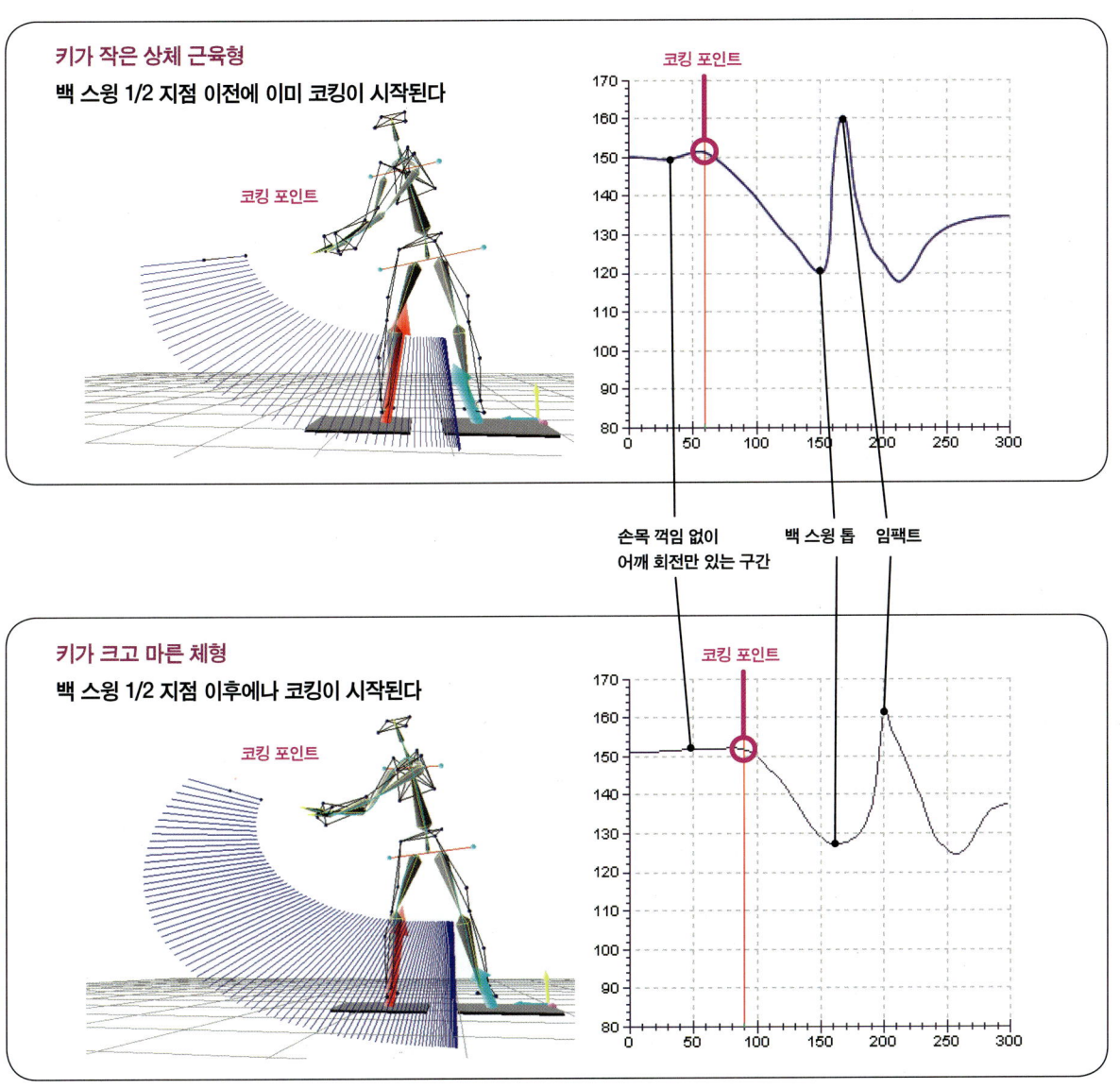

키가 작은 상체 근육형
백 스윙 1/2 지점 이전에 이미 코킹이 시작된다

키가 크고 마른 체형
백 스윙 1/2 지점 이후에나 코킹이 시작된다

모든 골퍼에게 똑같은 스윙을 강요할 수 없다

다운 스윙 down swing

구분	상체 근육형	보통 체형	키 크고 마른 체형
다운 스윙 시작 정면	왼쪽 어깨가 턱으로부터 분리된다	클럽을 잡은 두 손이 커튼줄을 당기듯 아래로 내려간다	왼쪽 히프의 측면 이동과 함께 두 손이 뒤쪽으로 내려간다 손에 공을 쥐고 던지려는 모습
스타트 플레인	오버 더 톱 over the top (outside 〉 inside)	드롭 다운 drop down (inside 〉 inside)	드롭 인사이드 drop inside (behind), (inside 〉 outside)
다운 스윙 스타트 플레인	3/4 백 스윙에서의 플레인보다 가파르다	3/4 백 스윙에서의 플레인과 같다	3/4 백 스윙에서의 플레인보다 플랫하다
스윙 패스	인사이드 〉 인사이드	인사이드 〉 인사이드	인사이드 〉 아웃사이드
스윙 축 axis	왼쪽 히프	척추 spine	흉골 top of spine (sternum)
임팩트 정면	머리 어드레스 상태의 위치로 돌아옴 등축 5° 뒤쪽으로 기울어짐 히프 45° 이상 오픈 어깨 20° 이상 오픈 오른 무릎, 오른발 chasing 오른 발바닥 안 들림 손, 팔 로테이션 거의 없음 몸무게 오른쪽, 왼쪽 다리에 반씩 실리게 됨	머리 10°~20° 뒤쪽으로 기울어짐 등축 10° 뒤쪽으로 기울어짐 히프 30°~45° 오픈 어깨 10°~20° 오픈 양 무릎 bowed, 오른 발바닥 약간 들림 손, 팔 로테이션과 함께 몸 로테이션 (하체 고정) 몸무게 10% 정도 더 왼쪽 다리에 실림	머리 뒤쪽으로 20° 이상 기울어짐 등축 뒤쪽으로 20° 이상 기울어짐 히프 30° 미만 오픈 어깨 거의 오픈되지 않음 왼쪽 무릎 약간 펴지고 오른 발바닥 지면에서 2.5~10cm 정도 들림 손, 팔 로테이션 많음 몸무게 10% 이상 왼쪽 다리에 더 실림
피니시 뒷모습	I 자형	side C 자형	역C 자형

> 골프 스윙은 모든 포지션에서, 모든 움직임에서 적당한 각도가 유지 될 때 올바른 궤도가 만들어 지며, 각도가 너무 없거나 너무 많을 때 문제점이 생긴다.

스윙 축 비교

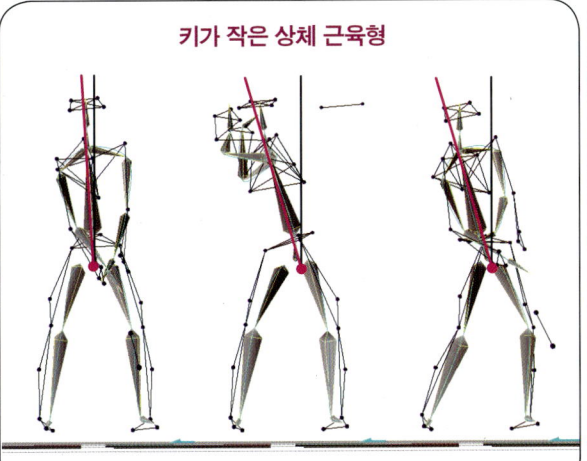
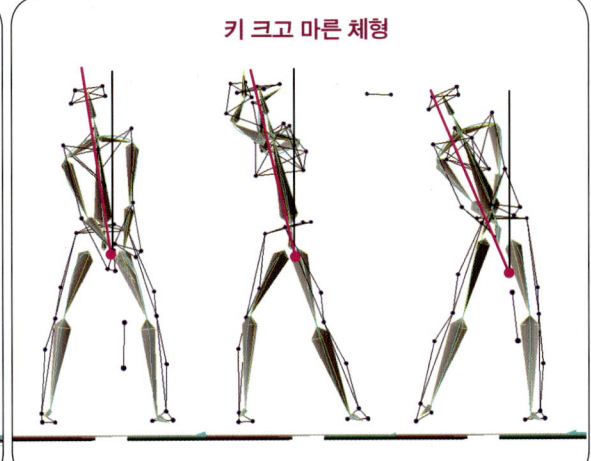

키가 크고 마른 체형의 골퍼는 어드레스 때의 척추 각도가 키가 작은 상체 근육형 골퍼보다 더 오른쪽으로 기울어져 있다. 백 스윙을 하면서는 키가 작은 상체 근육형 골퍼가 더 오른쪽으로 기울어지지만 임팩트 때에는 키가 크고 마른 체형의 골퍼의 척추 각도가 오른쪽으로 더 많이 기울어지게 된다.

피니시 비교

키가 작은 상체 근육형 골퍼는 머리, 몸통, 다리를 I자로 세워 피니시를 하게 된다.

키 크고 마른 체형의 골퍼는 클럽을 잡은 두 손이 높게 위치하며 등 축과 왼다리를 선으로 이어보면 역C자 모양이 된다. 오른발 뒤꿈치가 완전히 들려 있기 때문에 피니시의 자세가 역C자형이 되어도 왼다리, 왼발로 충분히 체중이 이동된다.

스윙 플레인 비교

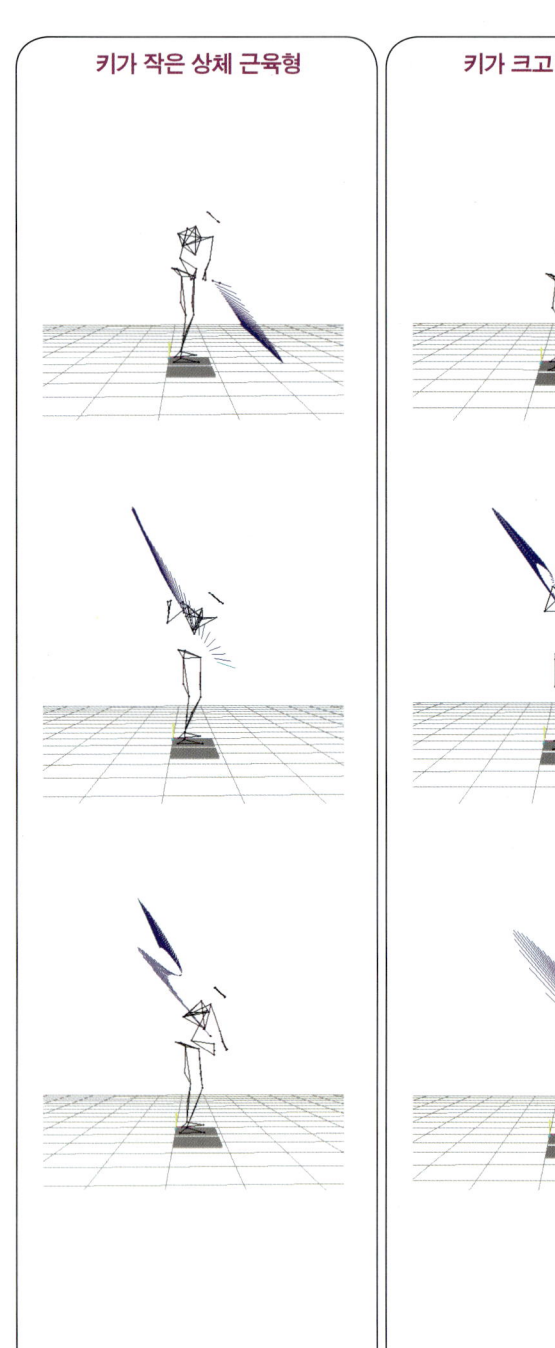

어드레스~오른쪽 히프
어드레스 때 클럽 샤프트가 만든 사면(plane)이 키가 작은 상체 근육형 골퍼보다 키가 크고 마른 체형의 골퍼의 그것보다 플랫하며 이 사면 위에서 클럽이 움직인다.

오른쪽 히프~백 스윙 톱
스윙을 하면서 샤프트가 만드는 면(back swing plane)이 계속 변화하면서 백 스윙 톱으로 올라간다. 전체적으로 키가 크고 마른 체형의 골퍼의 백 스윙 플레인이 업라이트하다.

백 스윙 톱~오른쪽 허리
키가 크고 마른 체형의 골퍼의 다운 스윙 스타트는 드롭 인사이드 drop inside 되어 백 스윙 플레인보다 약간 플랫한 플레인으로 만들어진다.
키가 작은 상체 근육형 골퍼의 다운 스윙은 오버 더 톱 over the top 의 모양으로 스타트하지만 오른 팔꿈치를 옆구리에 붙이며 내려와 다시 인사이드 플레인을 갖게 되어 결국 다운 스윙 플레인은 백스윙의 3/4 위치에서 만들어진 것과 같은 플레인이 된다.

오른쪽 허리~임팩트
다운 스윙 플레인은 하나의 사면으로 일정하며 임팩트 때는 어드레스 때 만들어진 클럽 샤프트 플레인보다 업라이트하게 플레인이 만들어진다.

임팩트~왼쪽 허리
다운 스윙의 1/4, 2/4, 3/4 위치에서 만든 다운 스윙 플레인과 같은 플레인을 만들며 스윙된다.

왼쪽 허리~피니시
클럽 샤프트가 만드는 샤프트 플레인은 다운 스윙 플레인보다 위에 위치하게 되며 다운 스윙 플레인과 평행한 사면이다.
키가 크고 마른 체형의 샤프트 플레인이 키가 작은 상체 근육형 골퍼의 샤프트 플레인보다 가파르며 높게 만들어진다.

Chapter 2

골프 스윙을 이해하기 위한 기본 준비

스윙 플레인을 모르면 스윙을 안다고 할 수 없다.

골프 스윙의 기본개념

골프 스윙의 기본은 백 스윙 때 팔과 손, 클럽과 클럽 페이스를 움직여 파워를 축적했다가 다운 스윙을 하면서 임팩트 때 그 파워를 풀고 폴로스루하여 피니시하는 동작이라고 할 수 있다.

대부분의 아마추어 골퍼들은 힘의 축적을 위한 백 스윙에서 몸, 팔, 손, 클럽과 클럽 페이스를 아주 잘 열어놓지만 다운 스윙 때 클럽과 클럽 페이스를 닫으며 힘을 풀어놓는 동작을 하지 못해 클럽 페이스가 열린 채 스윙하게 된다.

열었던 만큼 닫아주어야 스윙 스피드도 생기고 타깃을 향해 똑바로 날아가는 샷을 할 수 있다.

임팩트 순간 클럽 페이스가 열린 모습

골프는 반대로 하는 운동이다

골프는 지면에 정지되어 있는 볼을 공중으로 날려보내는 운동이다. 그래서 무의식 중에 볼을 띄워야겠다는 마음에 클럽을 들어올리는 동작을 한다. 그런데 이 경우 클럽 헤드가 볼의 윗부분만을 치거나 아예 볼을 건드리지 못하고 헛스윙을 하는 경우도 있다.

그러나 골프는 오히려 클럽 헤드를 지면으로 내려주는 동작을 해주는 것은 물론 클럽 헤드가 공 밑의 지면을 파고 들어가게 해야 클럽의 로프트에 의해 백 스핀이 생기며 볼이 뜨게 된다.

클럽을 들어올리는 동작으로는 볼을 띄울 수 없다.

클럽 헤드를 지면으로 내려주는 동작을 해주어야 클럽의 로프트에 의해 백 스핀이 생기며 볼이 뜨게 된다.

일반적으로 볼이 오른쪽으로 가면 왼쪽을 겨냥하여 스윙하기 마련이다. 그러면 볼은 왼쪽에서 오른쪽으로 회전하는 사이드 스핀이 생겨 결국 더 오른쪽으로 간다. 따라서 볼에 왼쪽으로 도는 스핀을 갖게 하려면 목표 방향의 오른쪽을 겨냥해야 하고 볼에 오른쪽으로 도는 스핀을 갖게 하려면 목표 방향의 왼쪽을 겨냥해야 한다.

또 볼의 위치를 스탠스의 오른쪽 방향으로 옮겨 놓고 치면 볼에 오른쪽에서 왼쪽으로의 스핀이 생기게 하는 스윙을 할 수 있고 반대로 스탠스의 왼쪽 방향으로 볼의 위치를 옮겨놓고 치면 볼에 왼쪽에서 오른쪽으로의 스핀이 생기게 하는 스윙을 할 수 있다. 그립을 잡는 손의 방향도 마찬가지로 반대로 하면 된다.

볼을 왼쪽으로 보내고 싶으면 두 손을 오른쪽으로 돌려 놓은 상태에서 그립한다. (strong grip)

볼을 오른쪽으로 보내고 싶으면 두 손을 왼쪽으로 돌려 놓은 상태에서 그립한다. (weak grip)

골프 스윙을 이해하기 위한 기본 준비

클럽 헤드의 토가 힐보다 앞서 가야 한다

어드레스하여 백 스윙을 시작하면 두 손이 자신의 허리(클럽이 9시 조금 전 방향을 가리킬 때)까지 왔을 때 클럽 페이스 면이 등축과 평행할 정도로 지면을 향해야 한다. 다운 스윙을 시작하여 두 손이 오른쪽 바지줄에 왔을 때부터 클럽 헤드의 토^{toe}가 힐^{heel}을 앞서 가야 한다.

두 축이 평행하다.

두 축이 평행하다.

페이스의 뒷면이 정면을 향하고 토는 하늘을 향한다.

그러면 임팩트 때는 어드레스 때와 마찬가지로 클럽 페이스가 스퀘어된 상태로 볼을 치고, 클럽이 3시 방향을 지나며 허리에서 5cm 정도 위쪽에 위치할 때 클럽 샤프트가 지면과 평행하게 되고 클럽 페이스의 뒷면이 정면을 향하게 된다. 이때 클럽 페이스 면이 어깨 라인과 평행해질 정도로 지면을 향하게 된다.

이렇게 다운 스윙 때 두 손이 오른쪽 바지줄에 왔을 때부터 클럽 헤드의 로테이션이 일어나야 헤드 스피드가 생기고 볼이 올바른 방향으로 날아가도록 클럽은 디자인되어 있다.

스윙 궤도는 인사이드에서 인사이드로

볼이 날아갈 목표지점과 볼을 연결하는 선을 타깃 라인이라 하고 이 선을 중심으로 자신이 어드레스하고 있는 지역을 인사이드, 바깥 지역을 아웃사이드라 한다. 다운 스윙을 하면서 임팩트 때 샤프트 끝 butt end이나 클럽 헤드가 타깃 라인을 중심으로 자신이 위치하고 있는 지역에서 바깥 지역을 향해 스윙이 되면 인사이드에서 아웃사이드의 스윙 궤도가 됐다고 하고, 샤프트 끝이나 헤드가 타깃 라인을 중심으로 바깥 지역에서 자신이 위치한 지역을 향하여 스윙이 되면 아웃사이드에서 인사이드의 스윙 궤도가 됐다고 한다.

우리가 원하는 샷이 목표지점으로 가는 스트레이트 샷이라면 임팩트 때 타깃 라인의 안쪽에서만 스윙이 되는 '인사이드에서 인사이드의 스윙 궤도'가 되고 클럽 페이스의 가장 아랫부분인 페이스 라인과 타깃 방향은 90°가 되어야 한다.

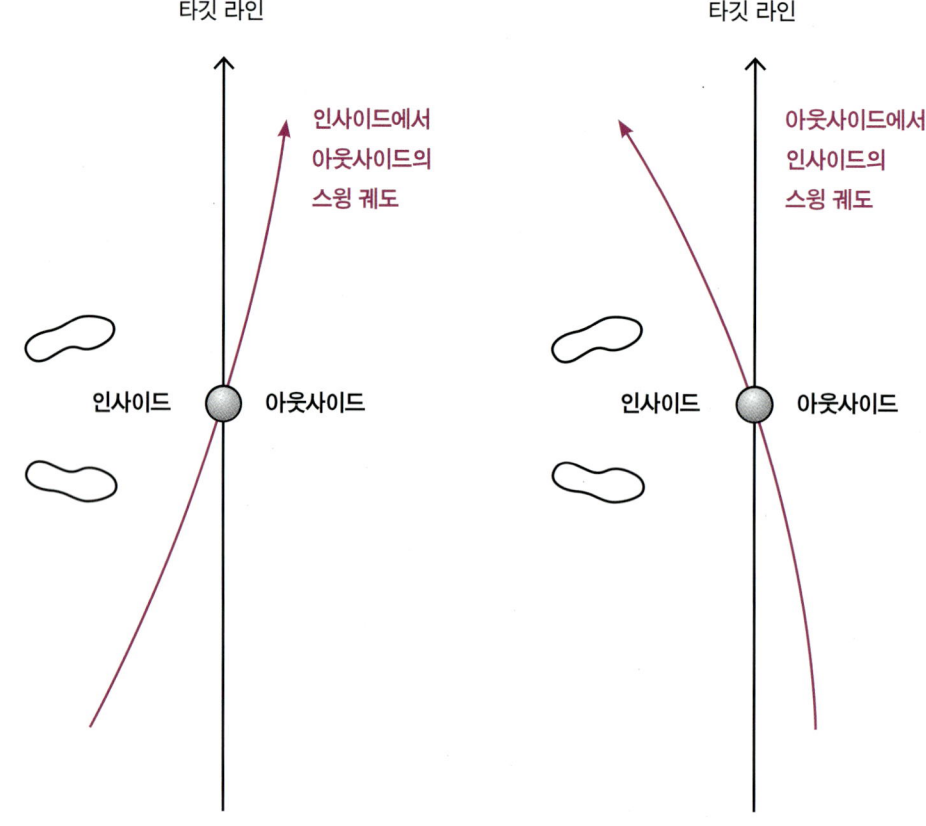

스트레이트 샷을 원한다면 인사이드에서 인사이드의 스윙을 해야 한다.

골프 스윙을 이해하기 위한 기본 준비

이상적인 스윙 플레인을 만들려면

스윙 플레인에 대해 정확히 알기 위해 카메라에 담은 옆모습을 관찰하며 설명한다. (카메라에 담긴 모습은 2-dimensions지만 실제는 3-dimensions이기 때문에 사진에 대한 설명과 실제는 다른 부분이 있다.)

정확한 백 스윙 플레인을 이루려면 백 스윙을 시작하여 클럽을 쥔 두손이 오른쪽 허리(백 스윙의 1/2)에 올 때까지 클럽은 어드레스 때 샤프트가 이루는 샤프트 플레인 위에서 움직여야 한다. 만약 클럽을 쥐고 있는 두 손과 클럽이 자신의 샤프트 플레인을 벗어나면 클럽과 손과 몸통이 함께 움직이는 스윙의 일체성이 처음부터 깨지고 만다.

백 스윙의 3/4 위치에 가면 클럽 헤드, 클럽 샤프트, 클럽의 끝$^{butt\ end}$이 볼을 향해야 가장 이상적인 백 스윙 플레인이 된다(실제와 카메라 모두). 백 스윙 톱에 가면 왼팔은 오른쪽 어깨를 90% 이상 가리게 되고 왼팔이 어드레스 때의 샤프트 라인과 평행하며 클럽 샤프트와 클럽의 끝이 공을 향해야 가장 이상적인 백 스윙 플레인이 된다(카메라에서만).

백 스윙을 시작해 백 스윙 톱으로 가면서 클럽 샤프트와 클럽의 끝은 지속적으로 공을 향해 있어야 하지만(카메라에서만) 클럽을 쥔 두 손이 오른쪽 허리를 지나면서 백 스윙 플레인은 매 순간 변화한다(실제와 카메라 모두). 다운 스윙을 시작하면서 지속적으로 클럽 샤프트와 클럽의 끝이 볼을 향하도록 플레인이 만들어져야 이상적이다(카메라에서만).

다운 스윙의 1/4 위치에 왔을 때 클럽 샤프트는 오른쪽 어깨와 팔꿈치 사이에 위치하며 클럽 샤프트와 클럽의 끝이 볼을 향해야(카메라에서만) 이상적인 다운 스윙 플레인이 되며 백 스윙의 3/4 위치에서 만들어진 백 스윙 플레인과 일치한다(실제와 카메라 모두).

다운 스윙의 3/4 위치 즉, 두 손이 오른쪽 허리에 내려왔을 때 클럽 샤프트와 클럽의 끝이 공을 향해야 하며(실제와 카메라 모두) 임팩트를 지날 때까지 지속적으로 똑같은 다운 스윙 플레인을 만들어야 가장 이상적인 다운 스윙을 하게 된다

임팩트 순간에는 샤프트가 어드레스 때의 샤프트보다 높게 위치한 상태로 다운 스윙 플레인이 만들어진다. 임팩트를 지나 두 손이 왼쪽 허리에 오면 샤프트가 다운 스윙 플레인과 일치하게 된다. 클럽이 왼쪽 허리를 지나 피니시 자세로 가면서 샤프트가 다운 스윙 플레인과 평행하며 다운 스윙 플레인 위쪽에 위치하게 된다(실제와 카메라 모두).

다운 스윙 때 클럽 샤프트가 만드는 플레인(면)을 항상 동일하게 만들려는 연습이 없으면 골프 스윙은 발전할 수 없다.

골프 스윙을 이해하기 위한 기본 준비

스윙 플레인은 체형에 따라 다를 수 있다

왼팔이 오른쪽 어깨 위쪽에 위치하고 어드레스 때는 샤프트 라인보다 백 스윙 플레인이 업라이트해진 모습이다.

클럽이 드롭 인사이드^{drop inside}되어 다운 스윙 플레인은 인사이드에서 아웃사이드 모양이 된다.

2004년 'US오픈' 우승자 짐 퓨릭의 스윙은 이상해 보이지만 체형상 그런 스윙이 나올 수밖에 없다. 퓨릭은 팔다리가 길고 마른 체형으로 어깨가 넓지 않다. 팔다리가 길어 백 스윙을 높이 가져갈 수는 있으나 어깨가 좁아 스윙 플레인이 가파른 것이 특징이다. 이렇게 백 스윙 플레인이 가파른 골퍼의 특징은 다운 스윙을 할 때 타깃 라인의 인사이드로 내려오면서 다운 스윙 플레인을 평평하게 만들어야 하는 것이다.

골프를 처음 배우는 사람이나 심하게 아웃사이드에서 인사이드로 다운 스윙 플레인over the top을 갖는 골퍼들은 퓨릭의 스윙을 시도해보자. 상체 근육이 발달하고 가슴이 넓은 골퍼들이 백 스윙 플레인이 너무 플랫하여 문제의 샷을 하게 될 때도 이러한 스윙을 연습해보면 도움이 된다.

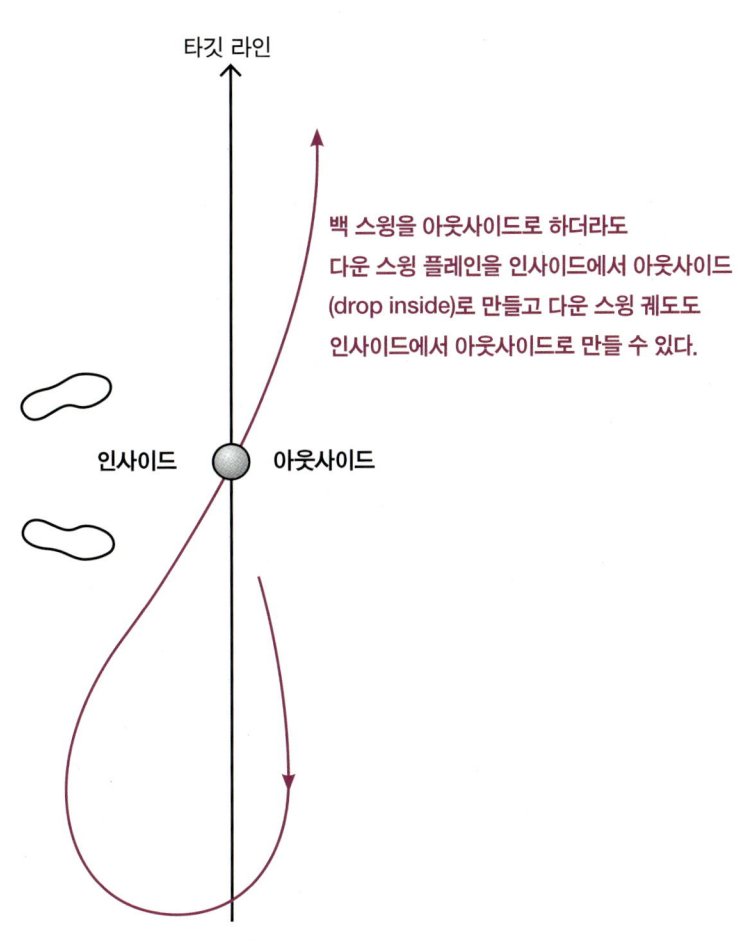

백 스윙 플레인이 플랫하면

백 스윙 때 아마추어 골퍼들에게 클럽은 무겁게 느껴진다. 그 원인은 백 스윙 플레인이 너무 플랫하기 때문이다. 예를 들어 오른손으로 클럽을 쥐고 지면과 수직으로 세울 때는 무겁게 느끼지 못하지만 지면과 평행하게 클럽을 눕혔을 때는 상당히 무겁다고 느낄 것이다.

많은 골퍼들이 인사이드 스윙에 대한 강조로 인해 백 스윙 때 오른팔을 겨드랑이에 붙이며 클럽을 지나치게 타깃 라인 안쪽으로 가져가는 경우나 손이나 팔, 클럽을 몸통 주변으로 돌리며 클럽 페이스를 연 채 백 스윙했을 때는 클럽이 눕게 된다. 이때 클럽은 무겁게 느껴진다.

백 스윙이 플랫하면 클럽이 무거운 추를 단 듯 무겁게 느껴진다.

반대로 백 스윙이 업라이트하면 클럽은 풍선을 단 듯 가볍게 느껴질 것이다.

스윙 플레인을 교정하려면

스윙을 하는 동안 클럽 샤프트에 의해 만들어진 경사면을 스윙 플레인이라고 한다. 백스윙 플레인이 너무 플랫하면 토핑 샷, 생크 샷 등의 문제 샷을 하기 쉽다. 다운 힐 사이드 힐(발이 볼보다 높은 위치의 지형)에서 연습하면 스윙 플레인을 업라이트하게 만들 수 있다. 백 스윙 플레인이 너무 업라이트하면 뒤땅 샷, 토핑 샷, 스카이 샷 등이 나온다. 업힐 사이드 힐(발이 볼보다 낮은 위치의 지형)에서 골프 클럽을 짧게 잡고 스윙 연습을 하거나 야구 스윙을 연습하면 스윙 플레인을 플랫하게 만들 수 있다.

스윙 플레인이 플랫한 사람은 다운 힐 사이드 힐에서 연습한다.

스윙 플레인이 업라이트한 사람은
업 힐 사이드 힐에서 연습한다.

라이 각이란

클럽의 라이 각이 '플랫하다' 또는 '업라이트하다'는 말은 어드레스 때가 아니라 임팩트 때 샤프트가 지면과 이루는 각의 변화에 대한 표현이다. 임팩트 때 클럽의 힐heel이 들어올려지고 토toe가 지면에 닿으며 볼을 치고 나갈 때 그 클럽은 라이 각이 플랫하다라고 하며 볼의 처음 방향은 오른쪽으로 가게 된다.

반대로 임팩트 때 토가 들어올려지고 힐이 지면에 닿으며 볼을 치고 나갈 때는 클럽의 라이 각이 '업라이트하다' 하며 볼의 처음 방향은 왼쪽으로 향하게 된다. 임팩트 때 클럽 헤드의 솔sole-바닥면이 모두 지면에 닿게 되면 볼의 처음 방향은 타깃을 향해 날아가게 된다. 이때 클럽 페이스가 열리면 볼의 마지막 방향은 타깃의 오른쪽으로, 클럽 페이스가 닫히면 타깃의 왼쪽으로 날아가게 된다.

라이 각이 플랫하게 임팩트되면 볼은 타깃의 오른쪽을 향한다.

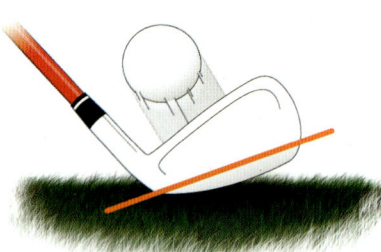

라이 각이 업라이트하게 임팩트되면 볼은 타깃의 왼쪽을 향한다.

클럽 헤드의 솔이 모두 지면에 닿으면 볼은 타깃을 향한다.

자신에게 맞는 스윙 리듬을 찾아라

골퍼는 자신이 어떤 타입인지를 인식하고 거기에 맞는 리듬을 찾아야 한다. 말이나 행동, 걸음걸이가 느긋한 사람은 백 스윙을 하며 '원one' 이라 하고, 백 스윙 톱에서 다운 스윙을 시작할 때 '앤and' 이라고 하고, 볼을 가격하며 '투two' 라고 해보자.

말이나 행동, 걸음걸이가 빠른 사람은 빠른 리듬이 필요하기 때문에 원-투 리듬을 연습하자. '원one'은 백 스윙 시작 때, '투one'는 볼을 가격하는 순간에 한다. 연습장에서 볼을 칠 때 이러한 연습을 해보자.

말이나 행동, 걸음걸이가 빠른 사람

"본능적으로 나오는 스윙이 가장 과학적인 스윙이다"

그러나 골프 코스에서는 '원~앤 투', 또는 '원~투'라는 말을 하면서 볼을 치지 말고 그러한 리듬이 익혀진 상태로 아무 생각 없이 스윙해야 한다.
복잡한 스윙 이론을 생각하며 스윙하는 것보다 눈을 감고 리듬만을 생각하며 스윙하면 할수록 헤드 스피드가 빨라지는 것을 알 수 있다.

one~ and~ two~

말이나 행동, 걸음걸이가 느긋한 사람

골프 스윙을 이해하기 위한 기본 준비   53

타이밍 찾는 방법

클럽과 두 팔, 몸의 움직임에 있어 일체성이 없는 골퍼에게 흔히 '원 피스 테이크 어웨이 하라', '큰 근육을 사용하라', '타이밍을 발전시켜라' 등의 조언을 많이 한다. 아마추어 골퍼들이 처음 골프를 배울 때 볼을 잘 맞추지 못하거나 또는 로핸디캡 골퍼라도 오랜만에 필드에 나갔다가 스카이 샷, 생크 샷 같은 어처구니없는 샷을 연발하는 것은 두 팔과 몸이 일체성 있는 스윙을 하지 못하고 타이밍을 잃어버렸기 때문이다.

클럽을 하나씩 양손에 쥐고 두 클럽이 서로 부딪히지 않게 스윙을 반복 연습하면 몸과 두 팔의 움직임이 조화되어 일체감이 생기며, 골프 스윙의 타이밍이 향상되어 뒤땅이나 토핑 샷, 생크 샷 문제를 개선할 수 있다.

1. 어드레스 - 올바른 그립 방법에 따라 양 손으로 각각 클럽을 쥔다.

2. 백 스윙 - 양 팔을 모두 펴서 두 클럽이 서로 부딪히지 않게 나란히 한 채 스윙한다.

3. 백 스윙 톱- 오른 손바닥과 왼 손등이 45°로 하늘을 향하도록 한다.

5. 두 클럽이 서로 마주치지 않게 피니시한다.

4. 왼쪽 히프 턴을 하며 양 팔의 로테이션이 있어야 한다.

견고한 샷을 만드는 방법

백 스윙과 다운 스윙을 하는 과정에서 체중 이동이 안 되는 골퍼들이 체중 이동에 신경을 쓰기 시작하면서 토핑과 뒤땅을 연거푸 한다. 백 스윙 때 몸을 우측으로 움직이면 볼을 치기 위해 몸을 다시 좌측으로 이동해야 하기 때문에 매번 일정한 타이밍을 갖기 어렵다.

백 스윙과 다운 스윙 때 체중 이동이 올바르게 이루어져야 매번 일정한 타이밍을 유지할 수 있다.

이 경우는 우선 평상시보다 두 발의 스탠스 폭을 좁히고 어드레스를 취해 보자. 다운 스윙을 할 때 임팩트를 지나 피니시할 때까지 오른 발바닥을 지면에 붙이고 스윙을 시도해 본다. 이 상태로 스윙을 끝내지 말고 클럽을 어깨에 걸러 멘 후에는 오른 발바닥을 지면에서 떼어 발뒤꿈치가 엄지발가락보다 앞쪽으로 향하게 만들고 스윙을 끝낸다.

스탠스 폭을 좁히고 어드레스한 뒤 다운 스윙하여 임팩트를 지나 피니시할 때까지 오른 발바닥을 지면에 붙여놓자.

피니시를 마친 후 비로소 발뒤꿈치가 엄지발가락보다 앞쪽으로 향하도록 만들어 준다.

파워를 유지하는 방법

다운 스윙 때 두 손이 오른쪽 허리 부분에 올 때까지 손목의 코킹을 풀리지 않도록 유지하려면, 백 스윙 톱에서 다운 스윙을 시작하면서부터 클럽 샤프트의 끝과 두 손이 볼을 향해 내려오는 연습을 해준다.

코킹한 손목을 임팩트 순간까지 유지한 채 다운 스윙하는 연습을 하지 않으면 다운 스윙 때 일찌감치 손목의 코킹이 풀어져 버리는 현상early release이나 백 스윙 톱에서부터 오른쪽 팔꿈치가 펴지며 손목의 코킹이 풀어져버리는 현상casting이 일어난다.
이러한 현상들이 일어나지 않도록 백 스윙 톱에서 다운 스윙을 시작하면서부터 클럽 샤프트의 끝이 볼을 향해 내려오는 연습을 해준다. 특히 이러한 동작을 천천히 반복해 주면 손목의 코킹과 오른쪽 팔꿈치의 각이 유지되어 파워를 그대로 유지하며 임팩트까지 끌고 내려올 수 있게 된다.

얼리 릴리스와 캐스팅이 되면
백 스윙 톱부터 일찌감치 코킹이 풀려
파워를 유지하기 힘들어진다.

클럽이 백 스윙 톱에서 다운 스윙을 시작하면서부터
클럽 샤프트의 끝과 두 손이 볼을 향해 내려오는 연습을 해준다.
실제는 다운 스윙을 하면서 클럽을 쥔 두 손이 오른쪽 허리에
왔을 때 클럽 샤프트의 끝butt end이
정확하게 볼을 향하게 된다.

거리를 늘리는 방법

헤드 스피드를 빠르게 해 거리를 늘리는 훈련법을 소개한다. 우선 그립을 쥐는 손의 힘을 절반으로 줄이는 것이다. 자신의 그립 강도를 줄이려면 두 손에 악력이 있어야 한다. 따라서 무거운 클럽이나 아령을 오른손이나 왼손 하나만으로 쥐고 올바른 스윙 연습을 하면 거리는 물론 방향성도 좋아진다.

하체 움직임이 많으면 두 팔의 움직임이 느려져 헤드 스피드가 떨어지게 되므로 두 발을 모은 채 클럽을 휘두르는 연습을 해보기도 한다. 드라이버 샷을 할 때는 긴장감을 푼 채 그저 과감히 클럽을 태평양 바다로 던져 버리는 상상을 하며 클럽을 휘둘러보자.

두 발을 모으고 스윙하는 연습

한 손으로 아령 들고 연습

악력기로 연습

Chapter 3
골프 스윙은 근육의 기억으로 하라

골프도 근육의 메모리로 이루어지는 스포츠이다.

올바른 근육의 기억으로 스윙 고치기

미국의 많은 골프 코치들은 '많은 연습이 골프 스윙을 완벽하게 만드는 것은 아니다' 라는 말을 자주 인용한다. 연습을 아무리 많이 해도 실전에서는 연습할 때처럼 스윙 타이밍이 맞지 않아 스코어가 줄지 않는다는 뜻이다.

연습장에서 연습할 때는 아무 생각 없이 볼을 치지만 골프 코스에서 플레이를 할 때는 스윙과 몸의 움직임을 생각하며 볼을 치기 때문이다. 볼 앞에 서서 스윙 동작 또는 스윙 이론을 생각하면서 스윙하면 전체적인 골프 스윙의 연결성connection이나 하나가 되어 움직이는 일체성synchronization이 파괴되어 볼을 잘 맞힐 수 없게 된다.

고치고 싶은 스윙 동작이 있다면 골프 코스에서 시도하면 절대 안 되며 연습장에서도 클럽을 가지고 볼을 치면서 고치려 하지 말고 근육에 기억이 잘 되는 도구나 기구를 가지고 올바른 스윙 동작을 연습하는 것이 좋다. 올바른 스윙 동작을 근육에 각인시키는 연습을 해야 한다는 뜻이다.

전체 스윙을 8단계로 나누어 왼손과 오른손 각각 따로 클럽을 쥔 채 연습해도 좋다. 두 손으로 클럽을 쥐고 많은 양의 볼을 치면 칠수록 잘못된 스윙 동작만 새겨질 뿐이라는 것을 명심해야 한다. TV나 비디오, 책을 보며 이미지 트레이닝을 하는 것도 권할 만하다. 고치고 싶은 부분의 올바른 동작을 머리속에서 상상하는 방법인 것이다. 상상은 근육에 명령을 내려 기억시킨다.

올바른 기억이 거듭되면 잘못된 방법으로 볼을 치며 근육에 잘못된 기억을 되풀이하여 쌓는 것보다 훨씬 낫다. 결국 아무리 많은 연습과 필드 훈련을 하더라도 골프 스윙의 발전이나 실전 스코어 향상이 이루어지지 않는다는 뜻이다. 유연성과 근력을 키우면 골프 스윙이 자신도 모르는 사이에 올바르게 고쳐지고 애써 힘을 쓰지 않아도 파워가 늘게 된다.

골프 스윙은 근육의 기억으로 하라   65

라운드 전후의 스트레칭은 필수

첫 번째 홀의 드라이버 샷을 하기 전에는 반드시 스트레칭을 해야 한다. 18홀 라운드 후에도 꼭 스트레칭으로 마무리해야 한다. 라운드 전 연습 스윙은 드라이버 클럽을 가지고 스윙이 끊이지 않게 연속적으로 10번을 한 세트로 하고 모두 3세트를 한다. 또는 무거운 아이언 클럽 2개를 함께 쥐고 스윙을 10번 정도 해본다.

샷을 하기 전 연습 스윙을 전혀 하지 않은 채 곧바로 샷에 임하는 것도 문제가 있지만 연습 스윙을 2~3번 이상 하게 되면 실제 샷을 하려고 할 때 마음이 급해져 리듬이나 타이밍을 깨뜨릴 수 있다. 볼 뒤 1~2m 뒤쪽에서 한두 번 정도의 연습 스윙을 하고 여유 있게 실제 샷을 하면 좋다.

클럽을 두세 개 함께 쥐고 연습 스윙을 하면 클럽 무게로 리듬을 느낄 수 있다.

라운드 전후 스트레칭은 필수

라운드 전 연습 스윙은 연속적으로 10번을 한 세트로 모두 3세트 정도 한다.

골프에서 유연성 없는 근력은 무용지물이다.

볼 1~2m 뒤쪽에서 한 번 정도의 연습 스윙을 하고 여유 있게 실제 샷을 하면 좋다.

헤드 스피드를 더 가속화하려면

연습장에서 많은 볼을 치다가 잘 맞는 볼solid shot이 나오면 마치 새로 발견한 스윙 테크닉에서 기인한 것으로 오해한다. 코스에서 그러한 스윙 테크닉을 부분부분 생각하며 샷을 한다면 그 날의 게임은 '지나친 분석에 의한 무능력 현상paralysis by analysis'이 될 수 있다. 스윙에 대한 생각을 하면 할수록 클럽 헤드 스피드는 점점 떨어진다. 복잡한 생각에서 벗어나 단지 피니시하는 모습을 상상하며 스윙하면 자신이 가진 최대의 스윙 스피드를 낼 수 있다. 다른 스포츠도 그렇듯이 골프 역시 스피드의 스포츠임을 명심하자. 꼭 많은 시간과 노력, 고통을 수반해야만 실력이 늘어나는 스포츠는 아니다.

스윙에 대한 복잡한 생각은 헤드 스피드를 떨어뜨리는 주범

쥐는 힘을 키워야 빠른 임팩트가 가능하다

체력 단련과 골프 스윙에 필요한 유연성, 근력 강화는 반드시 필요하다. 우선 손의 악력부터 키우자. 골프는 클럽을 두 손으로 쥐고 하는 운동이다. 따라서 두 손은 클럽에 영향을 주는 가장 직접적인 부분이다. 악력이 없는 골퍼에게 '그립을 쥐고 있는 두 손의 힘을 최대한 빼라'는 주문은 어려운 숙제다. 두 손에 쥐는 힘이 부족한 골퍼들은 어드레스 때나 스윙 때 자동으로 손에 힘이 들어간다. 악력을 키우면 그립을 쥘 때 의도적으로 힘을 빼려고 하지 않아도 자연스럽게 두 손의 힘이 빠지게 됨을 알 수 있다.

손에 강하게 쥐는 힘이 있으면 클럽이 회초리 같은 느낌이 들어 클럽에 두 손을 가져다 댈 때 힘이 들어가지 않는다는 뜻이다. 또 빠른 임팩트 순간에도 클럽이 손에서 놀지 않고 단단히 잡혀 볼을 정확히 맞출 수 있다.

장타를 치려면 스윙을 빠르게 하라. 골프에서 거리가 난다는 것, 파워가 있다는 것, 스피드가 있다는 것은 모두 같은 의미다. 결국 골프도 스피드의 스포츠다. 거리가 안 나는 것은 스윙이 느려서다. 자신의 스윙이 빠르다고 생각하는데 거리가 안 난다면, 그것은 스윙이 빠른 것이 아니라 다운 스윙을 하면서 몸으로 '세게' 치려고 했을 뿐이다.

스윙이 빠르다는 것은 임팩트 순간에 클럽 헤드 스피드를 빠르게 해주는 것이다. 헤드 스피드를 높여 거리를 늘리려면 두 손의 그립 세기(강도)를 절반으로 줄여야 한다. 그러려면 악력을 키워야 한다는 말이다.

Chapter 4

스윙을 위한 7가지 준비
pre-swing

골프 스윙을 진정으로 올바로 고치고 싶다면 자신에게 맞는 프리 스윙 pre-swing의 내용을 찾아야 한다.

에임 aim

가장 정확하게 반복해야 하는 에임

백 스윙을 시작하기 전 간단하게 에임, 그립, 셋업을 하는 절차가 자연스럽게 몸에서 배어나올 때까지 반복해 연습하면 핸디캡을 줄일 수 있다. 그 중에서 늘 신경쓰며 반복해 연습해도 잘 안 되고 어려운 것이 에임이다.

제2의 타깃 라인
제2의 타깃
연장 타깃 라인

타깃과 볼을 연결하는 선(타깃 라인)을 그리고 그 선 위에 볼에서 15~20cm 앞에 있는 물체(제2의 타깃)를 정한다.

아마추어는 온 신경을 집중해 볼만 보고 있지만 프로는 수시로 타깃을 본다.

타깃 선상의 제2의 타깃을 보면서 클럽 페이스를 제2의 타깃 라인(제2의 타깃과 공을 잇는 선)에 직각으로 맞추고 오른발 위쪽에 볼이 위치하게 한다. 이때 어깨, 몸통, 양 발끝이 모두 타깃에 30˚~45˚ 정도 오픈 되게 세운다.

볼 뒤로 연장선(연장 타깃 라인)을 상상하여 그린 후 그 선(제2의 타깃 라인과 공 뒤로 이어지는 연장 타깃 라인)에 어깨 선을 평행하게 맞추기 위해 먼저 왼발과 왼쪽 어깨를 돌려 놓는다. 오른발을 벌리면서 완전히 어깨 선을 그 선에 평행하게 맞춘다.

팔꿈치 선, 히프 선, 무릎 선, 양 발끝 선, 심지어 오른쪽, 왼쪽 눈의 선까지 그 선(제2의 타깃 라인과 연장 타깃 라인)에 평행하도록 하면 타깃 라인과 몸 전체가 기차 레일처럼 평행하게 된 것이다. 이제 타깃을 바라보며 볼이 타깃을 향해 날아가는 모습을 상상한다.

스윙을 위한 7가지 준비

뚱뚱한 체형은 몸을 타깃의 오른쪽으로 정렬하라

보통 체형을 기준으로 할 때 에임은 어깨와 양 팔꿈치, 히프, 양 무릎, 양 발의 선을 타깃 방향과 평행하게 하는 것이 일반적이다. 팔이 길고 키가 크며 마른 체형을 가진 사람이라면 어깨 선은 타깃 라인과 평행을 이루되 왼발을 타깃 방향으로 벌리고flare 양발 엄지발가락 선을 타깃 라인에 평행하도록 하면 양발 뒤꿈치 선이 타깃에 클로즈되며 히프도 약간 클로즈된다.

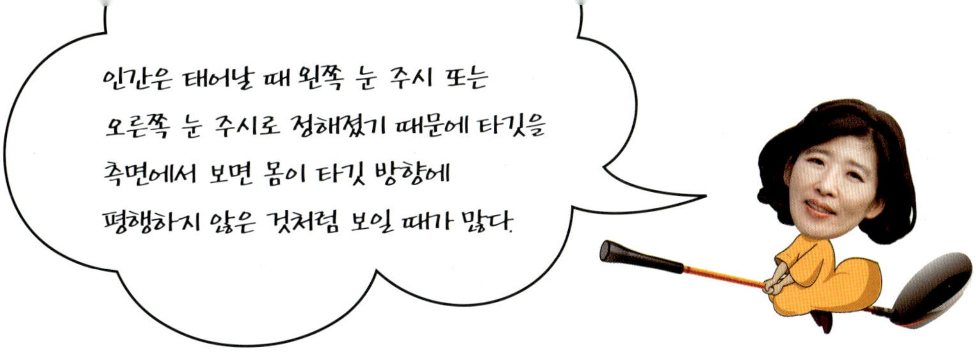

인간은 태어날 때 왼쪽 눈 주시 또는 오른쪽 눈 주시로 정해졌기 때문에 타깃을 측면에서 보면 몸이 타깃 방향에 평행하지 않은 것처럼 보일 때가 많다.

상체 근육이 발달한 뚱뚱한 체형의 골퍼들의 경우 몸의 정렬을 타깃 방향과 모두 평행하게 한 뒤 오른발을 뒤로 빼면서 양 발끝 선, 히프, 어깨를 타깃에 클로즈한다. 그러나 클럽 페이스는 타깃에 스퀘어하게 해야 한다.

키가 크고 마른 체형

상체 근육형

스윙을 위한 7가지 준비 77

스탠스 stance

체형에 따른 스탠스의 너비

키가 크고 마른 체형의 골퍼나 팔이 길어 스윙 아크가 넓고 긴 골퍼는 백 스윙을 길고 높게 가져가는 경향이 있다. 다운 스윙을 할 때 클럽이 높은 위치에서 내려와 볼을 치기까지 시간이 걸리므로, 그 사이에 적당한 히프의 측면 이동 동작이 필요하다.

> 자세를 올바로 세우기 위해서는 볼 하나 만큼의 아주 작은 간격으로 거리를 조절하며 고쳐야 한다.

**스탠스 너비를 좁히고
클로즈드 스탠스를 만든다.**

그래서 키 크고 마른 사람은 보통 체형의 골퍼보다 스탠스를 넓게 해주어야 다운 스윙의 타이밍이 좋아진다. 체형과 관계 없이 뒤땅 샷을 자주 하는 골퍼의 경우 스탠스 폭을 넓혀주면 당장 견고한 샷을 경험하게 된다.

키가 작고 상체의 근육이 발달한 사람은 오른발을 왼발보다 뒤로 뺀 클로즈드 스탠스를 만들면 백 스윙 때 몸통의 턴을 보다 쉽게 할 수 있다. 또 스탠스 너비를 좁혀줌으로써 몸의 회전 동작을 빨리 할 수 있다. 단, 드라이버 샷의 경우 자신의 어깨너비보다 넓게 해준다.

또, 체형과 관계 없이 토핑 샷을 자주 하는 골퍼들도 스탠스 폭을 좁혀주면 토핑 샷에서 벗어날 수 있다. 그런데 키가 크고 마른 골퍼가 백 스윙 플레인을 가파르게 하길 원하면 스탠스를 어깨너비보다 좁게 하고 뚱뚱한 체형의 골퍼가 백 스윙 플레인을 플랫하게 하려면 어깨 너비보다 넓게 해준다.

발 벌림 foot flare

왼발의 벌림에 따라 임팩트 타이밍이 달라진다

왼발의 벌림은 다운 스윙을 하면서 클럽이 임팩트로 오는 시간을 빠르게 할 수도, 지연시킬 수도 있는데 많이 벌릴수록 임팩트 타이밍이 늦춰진다. 게다가 볼을 견고하게 잘 칠 수 있는 타이밍과도 밀접한 관계를 가지고 있다. 릴리즈 타이밍을 변화시킬 수 있기 때문이다. 많이 벌릴수록 릴리즈가 늦어지므로 뒤땅을 자주 치는 골퍼들은 왼발 벌림이 필수적이다.

또 왼발의 벌림은 왼쪽 히프의 턴을 조절해준다. 왼발을 왼쪽 타깃 방향으로 더 많이 벌려 놓을수록 다운 스윙을 할 때 히프가 타깃 방향의 왼쪽으로 턴을 하기 전 옆으로, 즉 타깃 방향으로의 측면 이동을 쉽게 해준다.
그래서 왼발의 벌림을 많이 한 채 어드레스한 골퍼들의 다운 스윙 때 히프를 보면 타깃 방향으로 측면 이동을 많이 하고 있음을 확인할 수 있다. 히프의 이런 움직임은 클럽이 임팩트에 도달하는 시간을 지연시켜 준다.

클럽에 따라 발의 자세도 달라야 한다

왼발이 오른발보다 앞으로 나와 있을 때와 오른발이 왼발보다 앞으로 나와 있을 경우 스윙을 하면서 스윙 플레인과 궤도가 완전히 달라진다. 왼발이 오른발보다 앞으로 나오도록 어드레스한 후 스윙하면 스윙 궤도를 인사이드에서 아웃사이드로 만들 수 있어 긴 클럽을 사용할 때의 슬라이스성 스윙을 예방할 수 있다. 드라이버를 사용할 때는 롱 아이언이나 페어웨이 우드를 사용할 때보다 왼발을 조금 더 앞으로 내밀면 좋다. 미들 아이언을 사용할 때에는 왼발과 오른발의 라인을 타깃 라인과 평행하게 한다.

숏 아이언이나 웨지 클럽은 왼발을 오른발보다 뒤로 물려 놓아야 클럽 헤드의 빠른 로테이션을 지연시켜서 볼이 타깃 방향으로 가도록 도와준다. 어떠한 클럽을 사용하더라도 우선 클럽 페이스를 볼 뒤에 놓고 타깃에 스퀘어하게 한 뒤 볼의 위치를 스탠스의 어느 쪽에 놓을 것인지는 두 발을 움직이며 결정하는 순으로 한다. 그 다음 왼발이 앞으로 나올 것인지 오른발이 앞으로 나올 것인지 발의 자세를 정한다. 이때 어깨와 클럽 페이스가 열리고 닫히지 않도록 주의한다.

볼의 위치

볼의 위치에 따라 스윙 궤도도 변한다

가슴이 넓고 뚱뚱한 골퍼들은 볼을 일반적인 위치보다 오른발에 가깝게 놓고, 키가 크고 마른 체형의 골퍼들은 일반적인 볼의 위치보다 왼발에 가깝게 놓을 것을 권한다. 그런데 볼의 위치를 각 클럽에 맞는 위치보다 너무 오른발에 가깝게 하면 다운 스윙을 하면서 임팩트 때 클럽이 타깃 라인 안쪽inside에서 바깥쪽outside으로 가게 되어 훅 샷의 원인이 되며 볼의 위치를 너무 왼발에 가깝게 하면 스윙 궤도를 바깥쪽에서 안쪽으로 만들어 슬라이스 샷의 원인이 될 수 있다.

볼이 너무 왼쪽에 치우쳐 있으면 다운 스윙 궤도가 바깥쪽에서 안쪽으로 되면서 볼에 오른쪽으로 도는 스핀이 생겨 슬라이스 샷을 하게 된다.

볼이 너무 오른쪽에 치우쳐 있으면 다운 스윙 궤도가 안쪽에서 바깥쪽으로 되면서 볼에 왼쪽으로 도는 스핀이 생겨 훅 샷을 하게 된다.

볼, 클럽의 끝과 두 손의 위치

어떤 클럽을 사용하건 어떤 종류의 샷을 하건 클럽의 끝$^{butt\ end}$과 두 손의 위치는 왼쪽 바지주름과 배꼽 사이에 있어야 한다. 드라이버의 경우 클럽의 끝을 볼의 뒤쪽(볼의 오른쪽)에 위치시킨 후 그립한다. 그러면 그립한 손이 볼 뒤쪽에 위치하게 된다. 왼발 가까이에 볼의 위치를 정하는 페어웨이 우드나 3, 4번 아이언 등 긴 클럽의 경우 클럽의 끝을 볼과 같은 위치 또는 약간 볼 뒤쪽에 위치시킨 후 그립한다. 그러면 그립한 손이 볼과 거의 같은 위치이거나 약간 뒤쪽에 있게 된다.

미들 아이언의
볼과 두 손의 위치

숏 아이언의
볼과 두 손의 위치

미들 아이언이나 더 짧은 클럽일수록 클럽의 끝을 공 앞쪽(공의 왼쪽)에 위치시킨 후 그립한다. 그러면 그립을 한 손이 볼보다 앞쪽으로 위치하게 된다. 특히 드라이버의 경우에는 두 손이 반드시 볼의 뒤쪽에 위치해야 하며 손이 볼의 위치보다 앞으로 나가는 것은 올바르지 않은 자세로 항상 푸시 샷을 하게 된다. 어떤 경우에도 두 손이 왼쪽 바지 주름에서 왼쪽 방향으로 벗어나지 않는 것이 기본이다. 또 배꼽보다 오른쪽 방향에 위치하지 않도록 한다.

왼손 그립과 볼의 위치

그립이 강하다, 약하다라는 것은 그립을 쥐는 힘의 세기와는 무관하다. 강한 그립strong grip이란 말은 임팩트 구간에서 손과 팔이 빠르게 로테이션될 수 있는 그립이라는 말이다. 반대로 약한 그립weak grip이라는 것은 임팩트 구간에서 손과 팔의 로테이션이 제대로 일어나지 않는 그립이라는 것이다. 왼손 그립이 강하면 두 손의 로테이션이 빨리 일어나므로 볼은 오른발 쪽에 놓아야 한다.

만일 왼손은 강한 그립을 하고 볼을 왼발 가까이 놓으면 이미 클럽 헤드의 로테이션이 일어나고 난 다음 볼을 치게 돼 타깃의 왼쪽 방향으로 가는 샷이 나온다. 왼손 그립이 약하면 클럽 로테이션이 늦게 일어난다. 클럽 페이스가 닫히는 데 시간이 걸린다는 말이다. 따라서 왼손 그립을 약한 그립으로 하면 클럽 페이스가 스퀘어(타깃 라인과 직각)한 상태로 돌아오는 시간이 길어지기 때문에 볼의 위치를 왼발 가까이 놓아야 임팩트 순간에 클럽 페이스가 스퀘어 상태가 되면서 공을 치게 된다.

왼손을 강한 그립을 할 경우 볼은 오른발에 가깝게 둔다.

왼손을 약한 그립을 할 경우
볼은 왼발에 가깝게 둔다.

스윙을 위한 7가지 준비

그립 grip

그립에 대한 올바른 이해

그립이 강한 그립strong grip이냐 약한 그립weak grip이냐는 것은 그립을 할 때 손에 힘을 주어 꽉 잡느냐 아니면 손에 힘을 빼고 살며시 가져다 대듯 잡느냐 하는 '강도'의 문제가 아니라 그립의 '형태'를 의미하는 말이다. 즉 강하다라는 말은 파워가 많다, 스피드가 빠르다, 거리를 많이 낼 수 있다는 말로 강한 그립은 클럽 헤드를 빠르게 해줄 수 있는 그립, 즉 하이 스피드 그립high speed grip, power grip을 의미하는 것이다.

특히 왼손 그립은 파워를 잘 낼 수 있는 역할을 하도록 그립해야 한다. 그래서 아마추어 골퍼들은 왼손은 반드시 파워를 낼 수 있는 중성 그립neutral grip 내지 강한 그립으로 해야 한다. 파워와 스피드를 낼 수 없는 그립 형태인 약한 그립을 하면 클럽이 로테이션되면서 나오는 클럽 헤드의 스피드를 가질 수 없다.

그래서 왼손 그립을 강한 그립, 약한 그립이라는 단어를 사용하는 것 대신 하이 스피드 그립 또는 파워 그립, 로 스피드 그립low speed grip 또는 파워리스powerless 그립이라고 명하는 것이 처음 골프를 시작하는 골퍼나 아마추어 골퍼들에게 골프의 첫 단추를 꿰는 그립의 의미를 올바로 알게 해주는 방법이다.

아주 약한 그립으로 스피드를 낼 수 없는 그립 또는 파워가 나지 않는 그립

중성그립

강한 그립으로 스피드, 거리, 파워를 낼 수 있는 그립

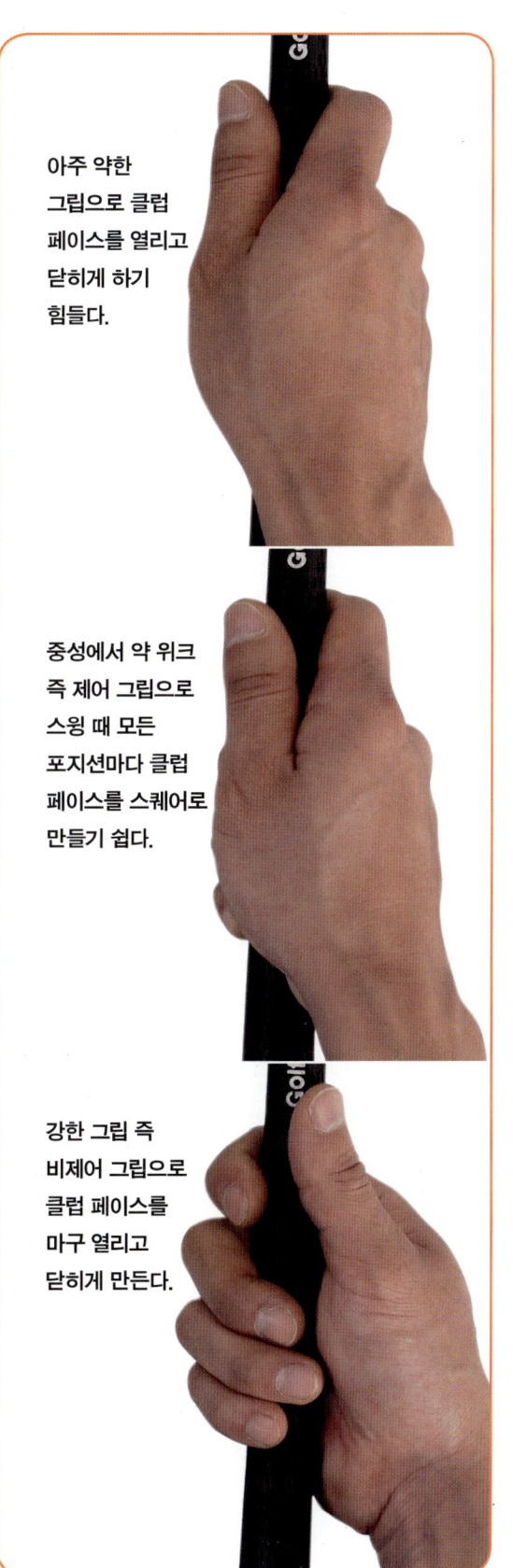

아주 약한 그립으로 클럽 페이스를 열리고 닫히게 하기 힘들다.

중성에서 약 위크 즉 제어 그립으로 스윙 때 모든 포지션마다 클럽 페이스를 스퀘어로 만들기 쉽다.

강한 그립 즉 비제어 그립으로 클럽 페이스를 마구 열리고 닫히게 만든다.

오른손의 그립에 따라 방향이 좌우되므로 오른손 그립은 방향 컨트롤 그립이라고 한다. 오른 손바닥 면이 어느 쪽 방향으로 향하느냐에 따라 스윙을 하면서 클럽 페이스의 움직임이 아주 심하게 변하기 때문이다.

골프를 10년, 20년 즐기면서도 오른손 그립을 어떻게 해야 강한 그립 또는 약한 그립이 되는지를 모르는 골퍼들도 많다. 상당수 골퍼들이 오른 손등이 눈에 보이고 집게손가락의 마디가 샤프트 위로 보이게 잡은 손의 모양이 강하게 보여 강한 그립이라고 오해하고 있다. 그러나 이러한 모양의 그립은 클럽을 제대로 로테이션해줄 수 없기 때문에 강한 그립이 아니라 약한 그립 low speed grip이라고 한다.

그런데 오른손 그립은 파워를 내는 역할이 아니라 방향을 컨트롤해주는 역할을 하기 때문에 헤드 스피드를 빠르게 해주는 왼손 그립처럼 강한 그립 high speed grip을 하기보다는 방향을 잘 컨트롤할 수 있는 중성 그립 내지 약한 그립 controllable grip을 해야 한다. 만일 강한 그립 uncontrollable grip을 하게 되면 방향을 컨트롤하기란 불가능하다.

그래서 방향 컨트롤 역할을 해야 하는 오른손 그립을 강한 그립이니 약한 그립이니 하고 명명하기보다는 비제어 그립 uncontrollable grip, 제어 그립 controllable grip이라고 바꾸어 칭하는 것이 많은 골퍼들이 오른손 그립에 대해 올바르게 이해하도록 할 것이다.

잘못 알고 있는 왼손 그립을 고쳐야 한다

처음 골프를 배울 때 왼손 손가락과 손바닥이 만나는 자리에 선을 그어 클럽의 그립 부분을 가져다 대고 손바닥의 두툼한 부분으로 그립을 감싸 쥐도록 배운다. 그러다 보면 어느새 클럽 페이스가 뒤틀리며 열리는 경우가 많다.

왼손 그립을 하면서 손을 돌려 그립하면 처음부터 클럽 페이스를 열었다 닫았다 하게 되고 오른손 그립을 하면서 또 한번 클럽 페이스를 열었다 닫았다 하게 된다. 이런 식으로 두 손을 다 쥔 다음 클럽 페이스를 아무리 타깃 방향에 스퀘어하게 놓아도 임팩트 순간에 클럽 페이스는 그립 때의 뒤틀려 잡힌 상태로 돌아가 볼을 타격하게 된다.

그래서 처음부터 그립을 할 때 클럽 페이스가 열리거나 닫히지 않도록 왼손 그립은 손바닥을 지면을 향해 위에서 아래로 향하여 가져다 대고 오른 손바닥은 타깃을 마주보게 하여 샤프트의 밑에서 위로 올리며, 클럽 페이스가 뒤틀리지 않게 잡는 것이 그립을 하는 데 가장 기본이 되는 것이다.

> 그립을 올바로 잡지 않으면 방향을 조절하기 위해 몸을 쓰게 된다.

그러면 먼저 가장 편하고 과학적인 왼손 그립 방법을 소개한다.

첫째, 왼 손목의 바깥 부분을 가볍게 꺾는다.

둘째, 왼 손바닥의 두툼한 부분pad을 그립 위에 대며 손을 그립 위에 올려 놓는다. 이때 왼 손등의 마디가 3개 이상 보이면 강한 그립, 2~3개 정도 보이면 중성 그립, 마디가 1~2개 정도 보이면 약한 그립이 된다.

셋째, 손목의 코킹을 일찍 해야 하는 골퍼나 손목의 힘이 없어 코킹이 잘 되지 않는 골퍼는 새끼, 약지, 중지의 차례로 손가락을 쥐고, 손목의 코킹이 늦게 일어나도록 해야 하는 골퍼는 엄지, 집게, 중지 순으로 손가락을 쥔다.

①

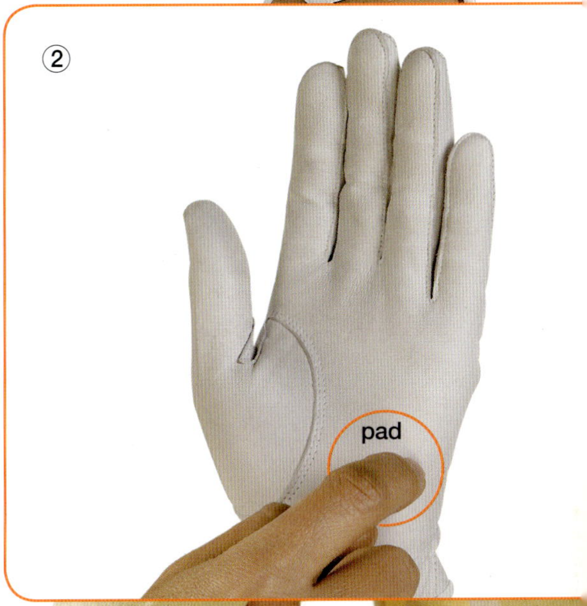

② pad

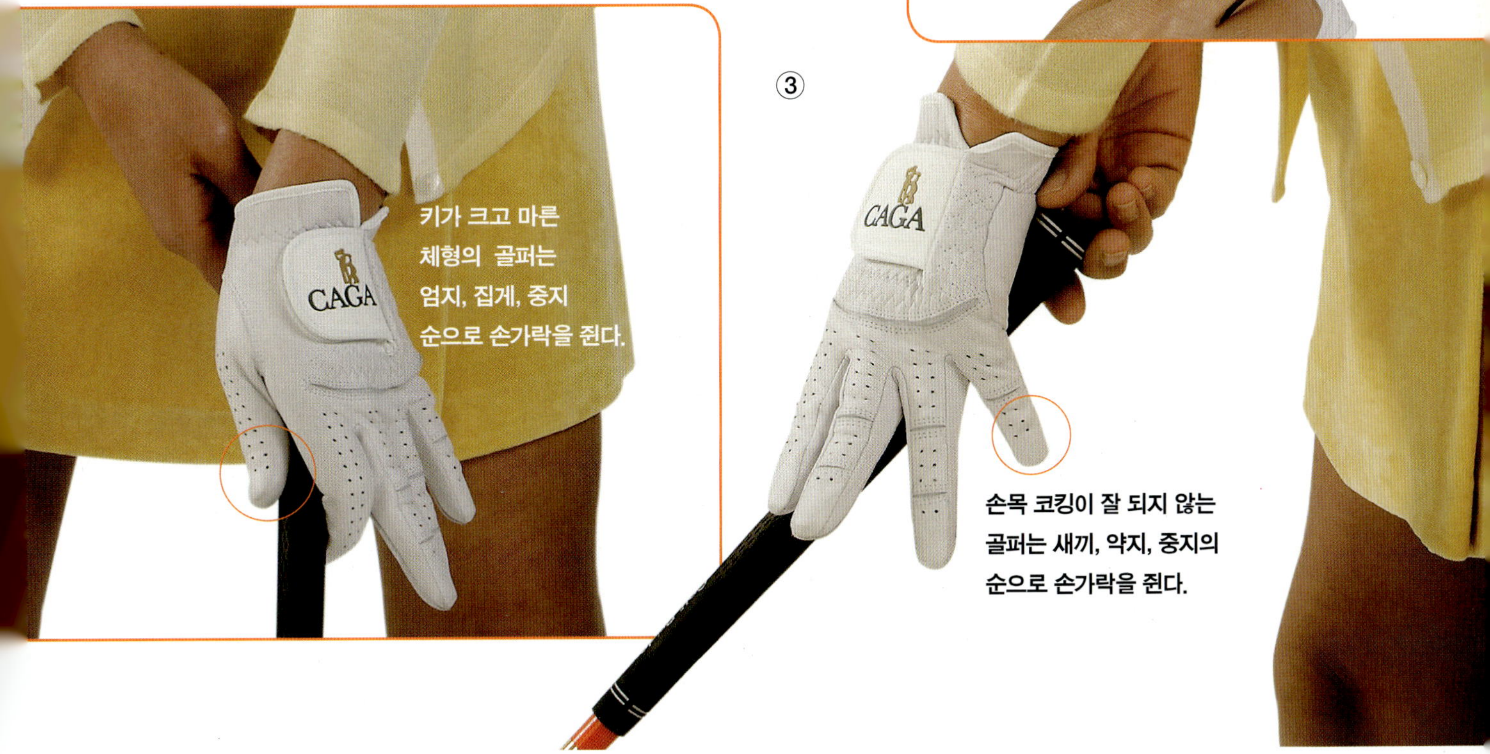

③

키가 크고 마른 체형의 골퍼는 엄지, 집게, 중지 순으로 손가락을 쥔다.

손목 코킹이 잘 되지 않는 골퍼는 새끼, 약지, 중지의 순으로 손가락을 쥔다.

이때 그립을 쥔 새끼 손가락과 그립 사이에 약간의 공간이 생기는데 이 공간은 왼손 손목을 코킹하는 데 필수적으로 있어야 한다. 그런데 이 공간을 없애기 위해 손을 돌려 그립이 손바닥에 밀착되어 단단히 쥔 느낌이 들게 되면 왼손 그립이 약한 그립이 되며 왼손 손목의 코킹이 되지 않아 스윙을 하면서 코킹 문제를 걱정하게 된다.

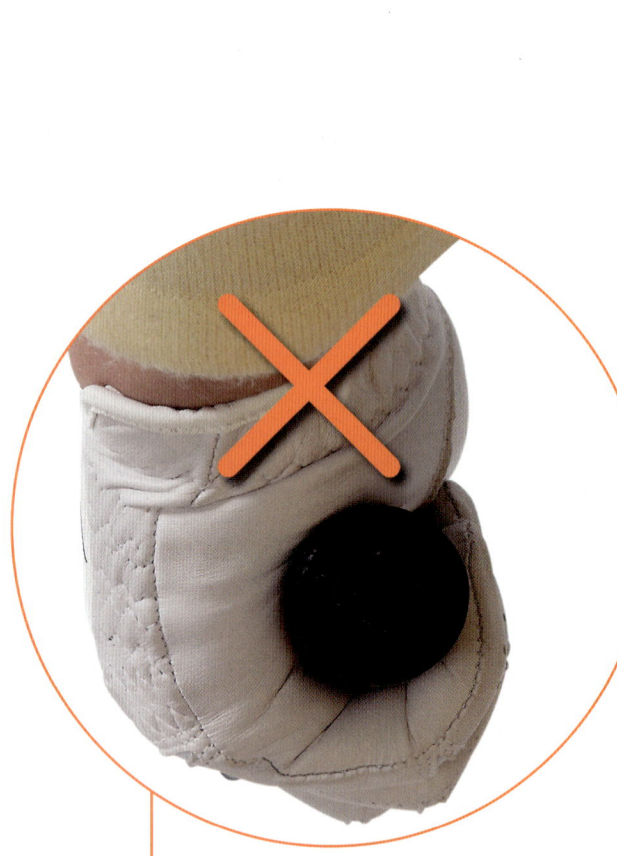

그립이 손바닥에 밀착되어 안정감은 있는 것 같으나 백 스윙을 하면서 클럽 페이스를 돌리는 동작을 하며 스윙하지 않는 이상 손목의 코킹은 불가능하다.

그립을 쥔 새끼손가락과 그립 사이에 약간의 공간이 있어야 손목의 코킹이 가능하다.

또 손바닥의 가장 두툼한 부분pad에서 새끼손가락 쪽으로 내려온 부분을 그립 위에 대어 그립이 너무 손가락 쪽에 잡히게 되면 왼손이 너무 강한 그립이 되고 손바닥 부분에 공간이 많이 생기게 된다. 그러면 쓸데없이 왼손 손목 코킹이 너무 많이 되고 백 스윙 톱에서 클럽이 어깨 밑으로 처지며 클럽이 손에서 놀게 된다. 왼손 손바닥에 굳은살callosity이 많이 생기는 원인이 바로, 너무 손가락 쪽에 그립이 되기 때문이다.

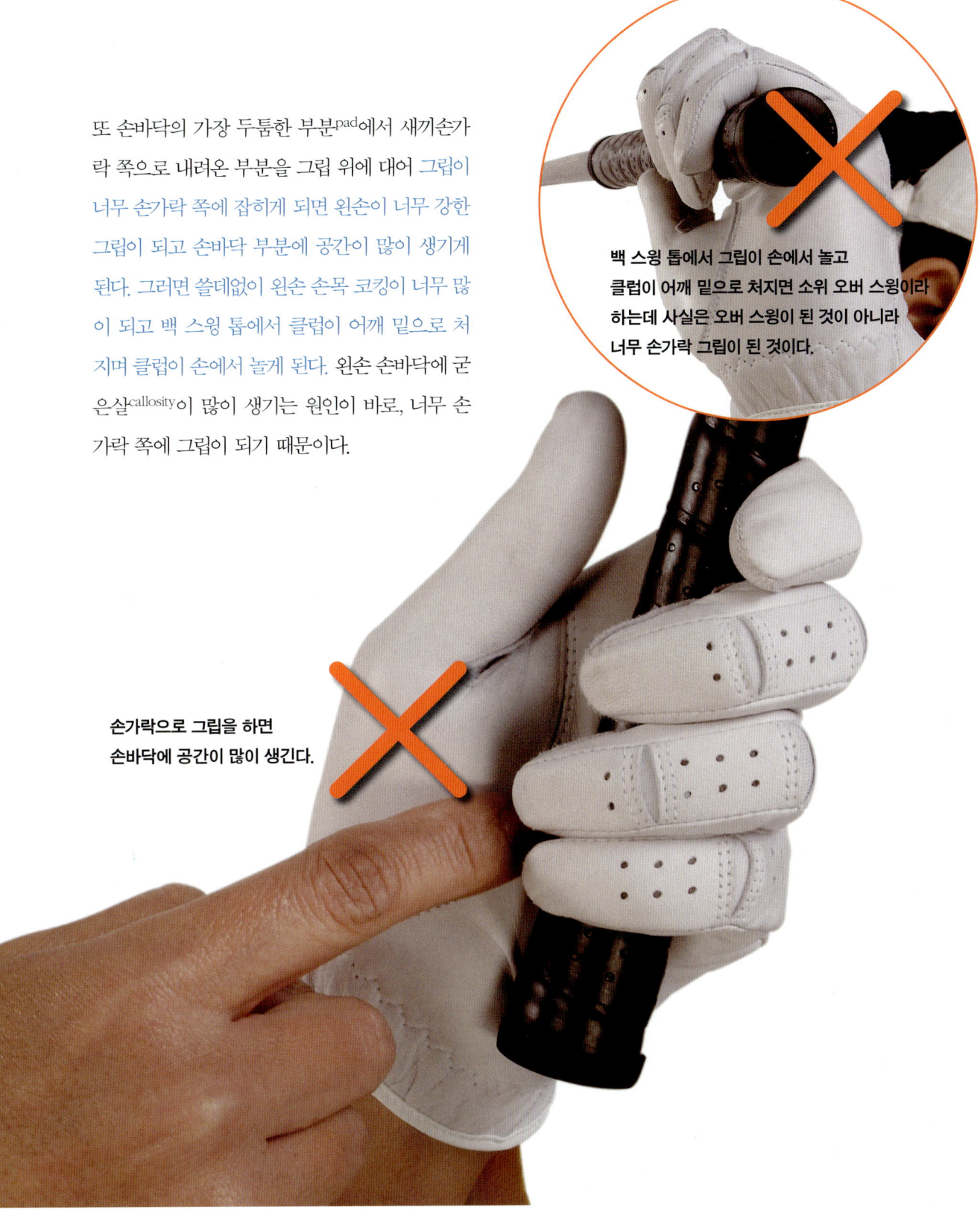

손가락으로 그립을 하면 손바닥에 공간이 많이 생긴다.

백 스윙 톱에서 그립이 손에서 놀고 클럽이 어깨 밑으로 처지면 소위 오버 스윙이라 하는데 사실은 오버 스윙이 된 것이 아니라 너무 손가락 그립이 된 것이다.

스윙을 위한 7가지 준비

오른손은 방향을 잘 컨트롤할 수 있도록 그립해야 한다

오른손잡이 골퍼들에게 오른손, 왼손잡이 골퍼들에게 왼손은 방향 컨트롤을 잘 할 수 있게 그립을 해주어야 한다. 오른손 손바닥이 하늘을 향한 채 그립 밑에 가져다 대고 그립을 감싸 쥐면 어드레스 때 클럽 페이스를 닫히게 하는 원인이 되며 비제어 그립이 되기 쉽다. 반대로 손바닥 면이 지면을 향한 상태로 그립을 쥐면 오른손 그립이 너무 심한 제어 그립이 된다.

손바닥 면을 하늘로 향하게 하여 그립 밑에 가져다 대면 비제어 그립이 되기 쉽다.

손바닥 면을 지면을 향해 가져다 대면
너무 많이 제어되는 그립이 된다.

그립을 잡은 두 손만 봐도
골퍼의 핸디캡을 알 수 있다.

손바닥 면이 타깃과 마주보게 하여 그립 오른쪽 면에 가져다 댈 때 새끼손가락, 약지, 중지 부분은 손바닥 면이 닿도록 하며 집게손가락은 첫번째 손가락 마디가 닿도록 잘 조정해 주어야 한다.

만일 새끼손가락이나 약지와 중지 부분에 손가락이 닿도록 하여 그립하면 손바닥 부분에 공간이 많이 생겨 백 스윙 톱에서 클럽이 축 처지며 손에서 놀게 될 뿐 아니라 피니시 자세에서도 오른손이 클럽을 쥐는 힘이 전혀 없게 되어 클럽이 등쪽으로 축 처지며 손에서 빠질 것 같은 자세가 된다. 또 오른손에 굳은살이 많이 생기게 된다. 반대로 너무 손바닥 안쪽에 대고 쥐면 오른손 손목의 코킹이 어렵게 된다.

너무 손바닥 안쪽에 대고 쥐면 오른손 손목의 코킹이 어렵다.

너무 손가락으로만 잡으면 손바닥 부분에 공간이 많이 생겨 클럽이 손에서 놀게 된다.

오른손 새끼손가락을 왼손 집게손가락 위에 올리느냐^{overlapping}, 집게손가락과 교차하게 하느냐^{interlocking}, 독립적으로 그립을 쥐게 하느냐$^{ten\ fingers}$ 하는 것은 그립에서 그리 중요한 부분이 아니며 새끼손가락 모양이나 길이에 따라 다르게 선택할 수 있고 자신의 손가락이 편한 것이 우선이다.

정작 중요한 일은 오른손 그립 때 중지와 집게손가락 사이를 벌려 놓고 집게손가락의 두 번째 마디가 클럽 샤프트의 옆에 위치시키는 것이다. 바로 이 클럽 샤프트 옆에 위치하는 두 번째 마디가 방향 컨트롤의 핵심 즉, 방향 컨트롤 마디인 것이다.

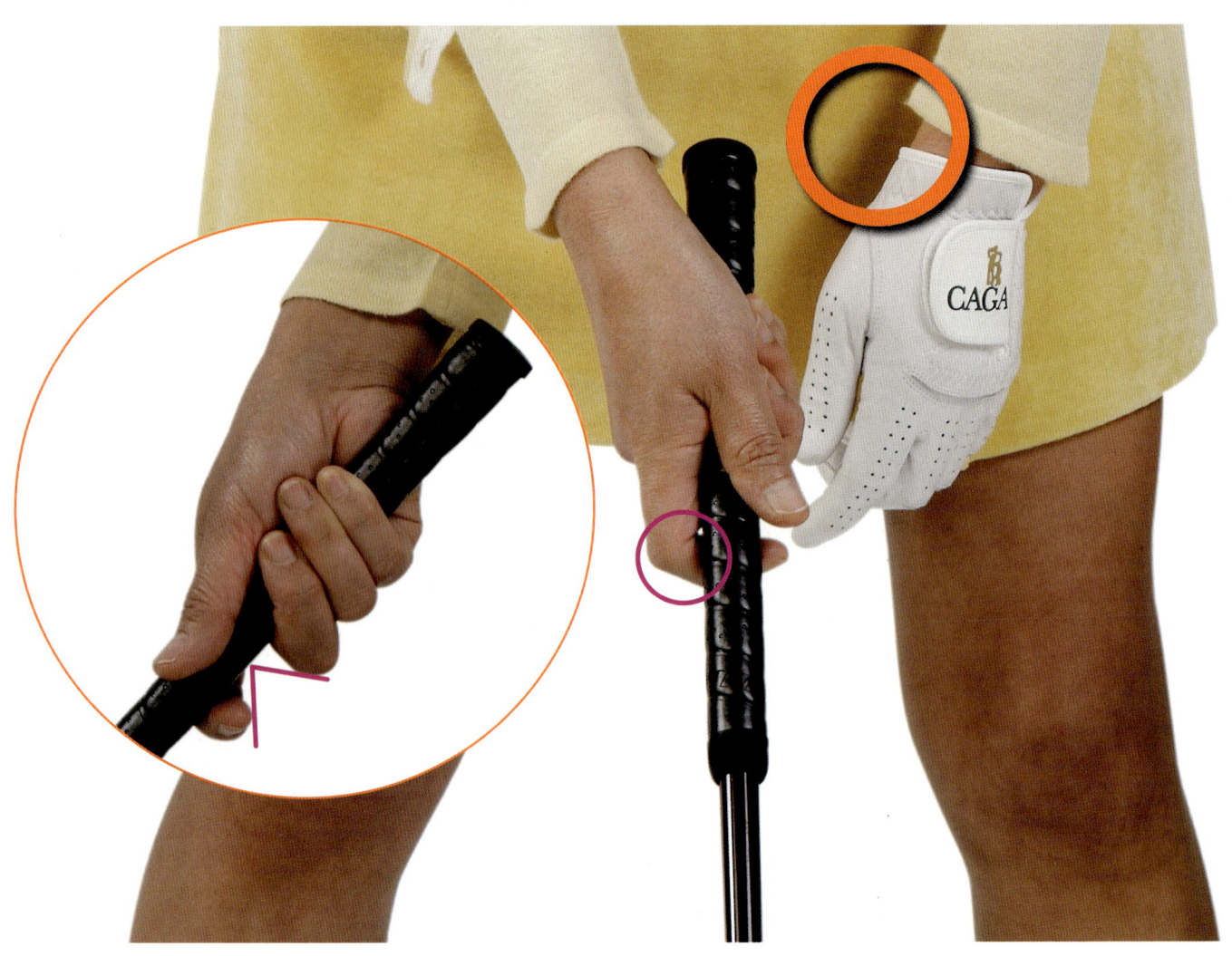

중지와 집게손가락을 벌리지 않고 그립하면 집게손가락의 두 번째 마디가 클럽 샤프트의 밑에 위치하게 되어 방향 컨트롤 마디가 사라지게 된다. 이때 클럽 페이스의 열리고 닫힘이 컨트롤되지 않아 방향성에 문제를 일으키고 뒤땅 샷의 원인이 되기도 한다.

만일 집게손가락 마디가 클럽 샤프트 위쪽으로 올라와 자신의 눈에 너무 많이 보이게 되면 임팩트 후 클럽 페이스가 닫히기 힘들어져 그린 근처의 벙커 샷이나 치핑 샷을 할 때는 좋으나 거리를 내는 샷을 할 때는 부적절할 수 있다. 또 토핑 샷의 원인이 되기도 한다.

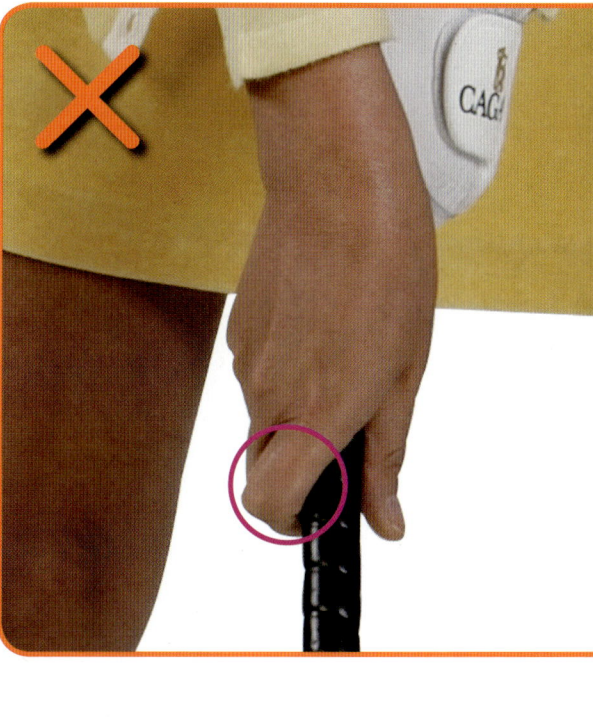

양손 엄지손가락에 대하여

그립에 대한 가장 잘못된 상식 중 하나는 '두 손바닥이 서로 마주보도록 양손 엄지손가락을 일자로 내려 잡아야 한다'는 이론이다. 이는 파워를 내기 위한 스윙을 할 때 그립하는 형태가 아닌 퍼팅이나 치핑할 때처럼 손목의 코킹을 이용해 클럽을 들어올릴 필요가 없는 스윙을 위한 그립 방법이다.

일반적으로 파워를 내기 위한 그립 형태는 왼손을 파워 그립으로 잡아 왼손 엄지손가락이 샤프트 옆에 15~30° 정도 사선이 되도록 잡고 오른손 엄지손가락 역시 일직선으로 내려 잡지 말고 샤프트 옆에 15~30° 정도 사선이 되도록 잡아야 한다. 이때 양손 엄지손가락 면을 전부 위에 대지 않으며 또, 모두 그립 바깥으로 나가지 않도록 한다.

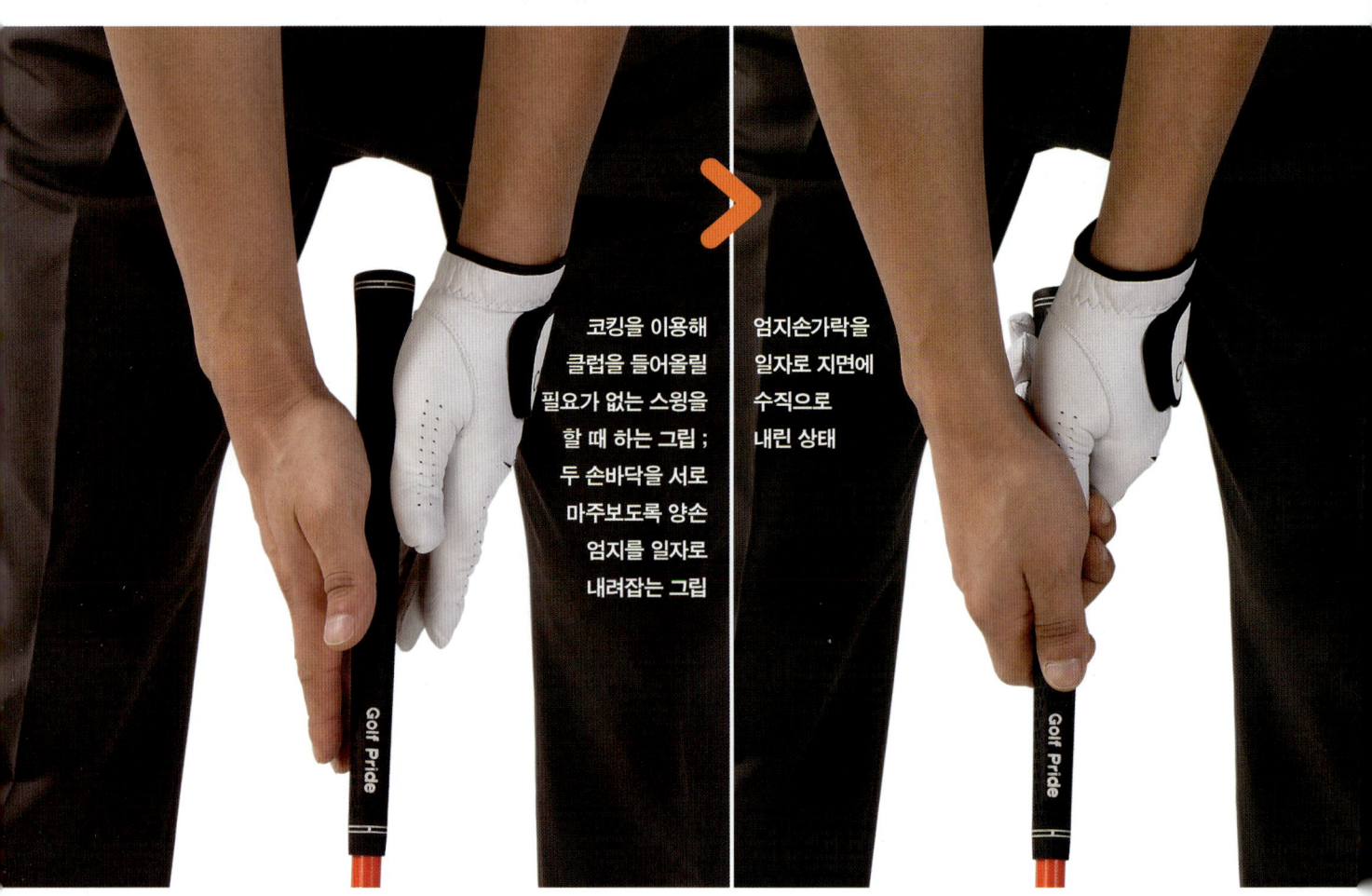

코킹을 이용해 클럽을 들어올릴 필요가 없는 스윙을 할 때 하는 그립 ; 두 손바닥을 서로 마주보도록 양손 엄지를 일자로 내려잡는 그립

엄지손가락을 일자로 지면에 수직으로 내린 상태

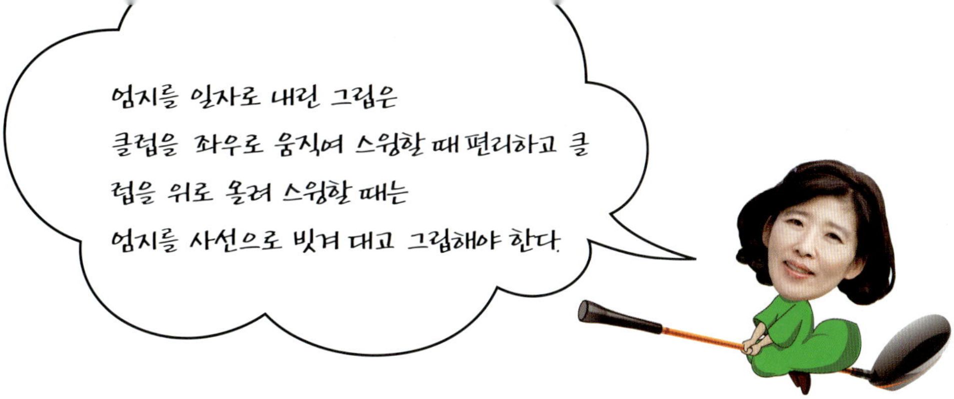

> 엄지를 일자로 내린 그립은 클럽을 좌우로 움직여 스윙할 때 편리하고 클럽을 위로 올려 스윙할 때는 엄지를 사선으로 빗겨 대고 그립해야 한다.

손가락 면의 반 정도가 닿도록 잡아야 한다. 골프 클럽을 지면으로부터 수직으로 올려 스윙하는 것이라면 백 스윙 톱에서 일자로 내려진 양손 엄지손가락이 클럽을 받쳐 줄 수 있겠지만 골프 스윙은 샤프트가 지면으로부터 어느 정도 사면으로 기울어져 백 스윙 톱에 이르기 때문에 양손 엄지손가락을 사선으로 빗겨 잡아야만 백 스윙 톱에서 양 엄지손가락이 클럽을 잘 받쳐 줄 수 있다.

양손 엄지손가락을 일자로 내려 잡은 골퍼들은 백 스윙 톱에서 엄지로 클럽을 받쳐 주기 위해 엄지에 많은 힘이 들어가거나 엄지손가락이 잘 받쳐 줄 수 없어 클럽이 놀게 된다. 백 스윙 톱에서 클럽이 어깨 밑으로 축 처지는 소위 오버 스윙을 하는 골퍼들은 양손 엄지손가락의 방향을 점검해 보기 바란다.

엄지손가락을 일자로 내려잡으면 백 스윙 톱에서 엄지손가락이 클럽을 잘 받쳐 주기가 힘들다.

양손 엄지손가락이 사선으로 빗겨져 샤프트 옆면에 닿은 채 잡힌 상태

사선으로 잡아야 클럽을 잘 받쳐 줄 수 있다.

스윙을 위한 7가지 준비

키가 크고 마른 체형의 골퍼들은 클럽을 길고 높이 가져갈 수 있도록 손목의 코킹을 되도록 늦게 한다. 그래서 그립 위에 왼손 손바닥을 가져다 대고 왼손 엄지손가락을 먼저 쥐어 숏 섬the short thumb을 만들고 집게손가락, 중지, 약지, 새끼손가락 순으로 쥐어 왼손 손목에 힘이 들어가면 손목의 코킹이 자동으로 늦춰진다.

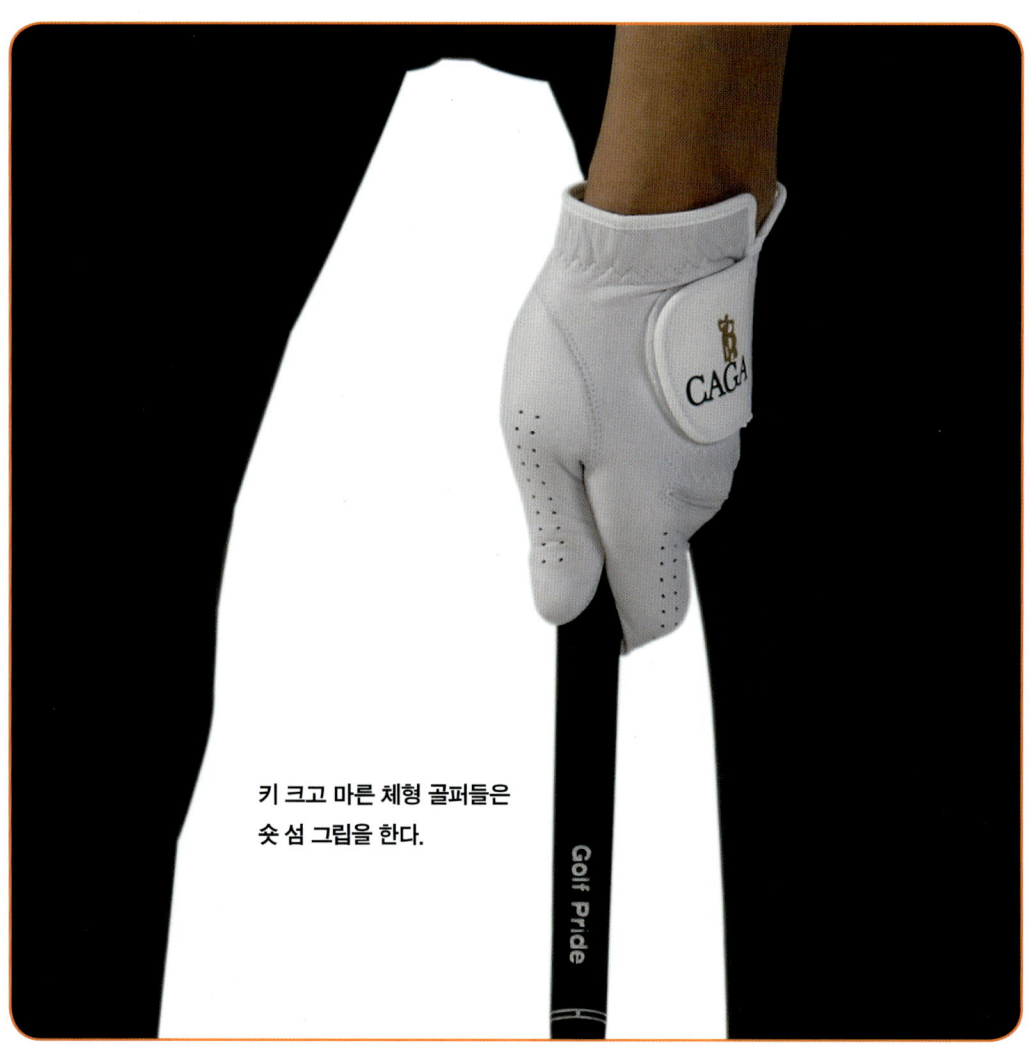

키 크고 마른 체형 골퍼들은 숏 섬 그립을 한다.

반대로 유연성이 부족한 상체 근육형 골퍼들은 클럽과 몸 사이의 너비 확보를 위해 손목 코킹을 일찍 한다. 그래서 왼손 손바닥을 가져다 대고 새끼손가락을 먼저 쥐고, 약지, 중지, 집게 순으로 쥐어 왼손 손목에 힘이 들어가지 않도록 왼손 엄지손가락을 가장 나중에 쥐어 롱 섬$^{the\ long\ thumb}$으로 만든다. 이렇게 하면 손목의 코킹이 자동으로 이루어진다. 그래서 손목 코킹이 어려운 골퍼들은 왼손을 강한 그립으로 하고 아래의 방법대로 손가락을 쥐어 롱 섬$^{the\ long\ thumb}$을 하면 해결된다.

상체 근육형 골퍼들은 롱 섬 그립을 한다.

손을 제대로 사용할 줄 아는 유일한 동물은 인간이며 특히 엄지손가락을 자유자재로 사용하는 것이 가능해 골프를 할 수 있다.

체형별 효과적인 그립 형태

보통 체형의 골퍼는 왼손 그립을 중성 또는 강한 그립으로 잡고 오른손은 손바닥 면이 타깃과 마주 보게 잡는 중성 그립을 하는 것이 일반적이다. 이때 오른손 집게손가락의 마디는 클럽 샤프트 옆면에 위치하게 된다.

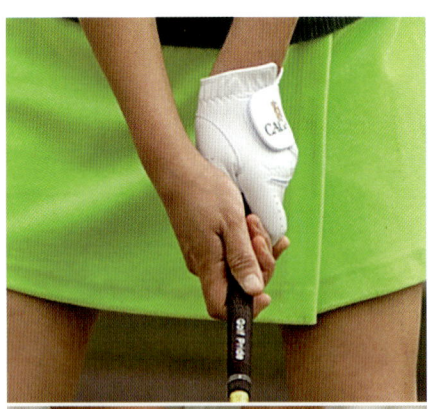

보통 체형

키가 작은 상체 근육형

키가 크고 마른 체형

키가 작고 상체가 발달한 골퍼들은 대부분 손가락이 굵고 유연성이 떨어져 왼손은 강한 그립을 할 것을 권하며 오른손은 집게손가락의 손가락 마디가 클럽 샤프트 위로 살짝 올라오는 약한 그립이 좋다.

키가 크고 마른 체형의 골퍼는 왼손은 약간 약한 그립이나 중성 그립을, 오른손은 중성 그립이나 오른손 집게손가락의 손가락 마디가 클럽 샤프트 위로 살짝 올라오는 약한 그립도 좋다.

왼손을 강하게 잡으면 오른쪽 팔꿈치 걱정이 없어진다

백 스윙 톱에서 오른팔은 지면을 향하는 것이 이상적이다. 그러나 오른쪽 어깨의 유연성이 부족한 골퍼는 오른쪽 팔꿈치가 닭날개처럼 뒤쪽으로 나가게 된다. 수 개월 간 땀 흘려 오른팔이 지면으로 향하는 모양을 만들어도 거리는 오히려 줄기만 한다.

이상적인 오른 팔꿈치 모양

오른쪽 어깨의 유연성이 부족한 골퍼의 경우 오른쪽 팔꿈치가 닭날개 처럼 뒤쪽으로 나갈 수 있다.

> 긴장을 풀어야 할 때
> 손에 힘을 빼면
> 몸 전체의 긴장을 풀 수 있다.

어깨의 유연성을 길러주는 훈련을 하자. 또는 왼손을 강한 그립으로 쥐고 임팩트 때 클럽이 열리는 것을 막아주자. 왼손을 강한 그립으로 쥐면 백 스윙 톱에서 억지로 오른쪽 팔꿈치가 지면을 향하게 하는 스윙으로 바꿀 필요가 없다.

어깨의 유연성을 길러주고
왼손을 스트롱 그립으로 해보자.

왼손의 강한 그립으로 역피봇 현상과 코킹 문제를 해결한다

왼손을 강한 그립으로 잡으면 백 스윙을 하면서 왼 손목이 자동으로 코킹되어 더이상 코킹 문제로 걱정할 필요가 없다.

왼손을 약한 그립으로 잡고 왼 팔꿈치를 구부리지 않으면 클럽이 들어올려지지 않는다. 손목 코킹이 되지 않아 클럽을 팔의 힘으로만 들어올려야 하기 때문이다. 팔로만 클럽을 들어올리면 힘이 많이 들기 때문에 몸을 쓰게 된다. 이때 머리와 몸이 타깃 방향으로 기울어지는 역피봇 현상까지 생겨난다. 아니면 손을 돌려 클럽 페이스를 열리게 하면fanning 손목의 코킹을 하여 클럽을 위로 올려지게 한다. 이렇게 하면 처음부터 클럽 페이스가 너무 많이 열리게 되어 좋지 않다.

왼손을 강한 그립으로 잡으면 코킹은 자동으로 된다.

왼손을 약한 그립으로 잡으면 클럽을 들어올리기 위한 자동 코킹이 힘들어 왼손을 돌려서 코킹을 하게 된다. 이때 클럽 페이스가 돌아가는 패닝 현상이 일어난다.

손목의 코킹 없이 팔만 구부러지거나 몸이 타깃으로 기우는 역피봇 현상이 일어난다.

몸무게의 배분, 볼과 몸의 간격

백 스윙 플레인 걱정을 없애기 위한 방법

어드레스한 상태에서 옆모습을 볼 때 발가락에 몸무게가 치우친 사람은 히프에서 내린 수직선과 발뒤꿈치의 간격이 좁으며 발뒤꿈치에 몸무게가 쏠려 있는 사람은 그 간격이 넓다. 적당한 간격을 가지려면 발의 가운데 내지 조금 위쪽(ball of feet)에 몸무게를 놓으면 된다.

또, 볼과 몸의 간격이 너무 가까워서 발뒤꿈치에 몸무게가 실리게 되면 백 스윙 플레인이 플랫하게 된다. 반대로 볼과 몸의 간격이 너무 멀어서 앞꿈치에 몸무게가 실리게 되면 백 스윙 플레인이 가파르게 된다.

숏 아이언이나 미들 아이언으로 어드레스할 때는 자신의 턱에서 떨어진 수직선이 오른 손등 위에 위치하게, 롱 아이언이나 드라이버로 어드레스할 때는 입술에서 떨어지는 수직선이 오른 손등 위에 위치하도록 해야 두 손과 몸의 간격이 올바로 이루어지게 된다.

이렇게 모든 간격이 올바로 되면 백 스윙 플레인은 걱정할 필요가 없다. 일반적으로 긴 클럽은 오른발 쪽에 몸무게를 5% 정도 더 놓고 중간 클럽은 양발에 50%씩 놓으며 짧은 클럽은 왼발에 10~30% 더 놓는다.

드라이버와 9번 아이언의 경우 몸과 두 손의 간격 차이가 5cm 정도 된다.

몸과 볼의 간격을 잘 맞추는 것이 우선이다

테이크 어웨이가 잘못되면 적절한 조작이나 보상 동작이 없는 한 올바른 스윙 플레인이나 스윙 궤도를 만들기 힘들다. 어드레스 때 몸과 볼의 간격이 너무 멀거나 가까우면 아무리 연습해도 올바른 테이크 어웨이가 이루어지는 것은 불가능하다.

그래서 몸과 볼의 간격이 잘 맞춰진 상태를 만드는 것이 우선이다. 몸과 볼의 간격이 잘 맞춰지면 테이크 어웨이를 할 때 자동적으로 어드레스 때 만들어진 자신의 클럽 샤프트 플레인 위에서 클럽이 움직이게 된다.

테이크 어웨이를 잘하기 위한 연습을 많이 해도 몸과 볼의 간격을 잘 맞추지 못하면 아무런 소용이 없다.

너무 많은 연습과 분석은 무능력을 초래한다.

몸과 볼의 간격이 잘 맞춰지면 클럽과 두 손, 두 팔, 몸통이 함께 일체감 있게 움직일 수 있는 테이크 어웨이 동작을 할 수 있다.

바른 포스쳐 posture

등과 무릎을 굽히지 말고 허벅지를 내미는 자세로 서라

나에게 딱 맞는 몸의 자세는 뭘까?
처음에는 무릎을 펴고 똑바로 서 있는 상태에서 엉덩이를 뒤로 내밀고 등을 앞으로 기울이면서 클럽 헤드를 지면에 닿게 한다. 이때 등이 숙여지는데 항상 등이 구부정하게 되는 골퍼들은 엉덩이를 하늘 쪽으로 올려 보도록 한다. 등이 펴지는 느낌이 들 것이다. 그리고 양 허벅지는 무릎에 탄력이 있을 정도로 살짝 앞으로 내민다.

이때 어깨에서 수직으로 늘어뜨린 선 앞쪽으로 무릎이 나오면 몸무게가 발뒤꿈치에 쏠려 있는 자세로 스윙 때 문제를 일으킨다. 수직선 뒤쪽에 무릎이 있게 하며 그 연장선이 발등 위에 있어야 몸무게가 발의 가운데 내지 약간 앞쪽으로 배분이 된다. 이때 스포츠적인 자세를 갖출 수 있다.

척추는 20° 이상 숙여야 한다

골프 스윙을 할 때에는 다른 구기 운동을 할 때와 달리 몸의 자세를 취하는 문제가 중요하다. 볼이 지면에 정지되어 있기 때문에 상체가 지면을 향해 숙여주는 몸의 자세가 필요한 것이다. 키가 크고 작음, 상체와 하체의 길이, 상체가 뚱뚱하고 날씬한 사람에 따라 그 정도가 조금씩 다르긴 하지만, 일반적으로 최소한 20° 정도의 각이 될 만큼은 지면을 향해 숙여야 한다.

만일 상체를 숙이지 않고 몸이 거의 서 있는 상태로 스윙하면 마치 야구 스윙처럼 되어 스윙 플레인이 너무 플랫flat해지기 쉽고 골프 클럽을 지면에 떨어뜨려 볼을 가격하기 어렵게 될 뿐 아니라 스윙을 하는 동안 몸은 숙였다 일어났다 하게 된다.

턱과 두 팔은 땅에 떨어뜨리는 느낌을 가져라

도대체 어느 부분에서 어떻게 힘을 빼야 할까?

첫째, 턱에 힘이 들어가 있는 골퍼들이 많다. 백 스윙 때 어깨를 턱 밑에 넣으라는 잘못된 스윙 이론에 충실하려고 하기 때문이다.

둘째, 어깨에 힘이 들어가는 골퍼들도 흔하다. 어깨를 움츠리며 두 팔을 과도하게 뻗치고 양 손목을 활 모양처럼 만들게 된다. 백 스윙 때 코킹도 하기 힘들다.

셋째, 두 손에 힘이 들어가는 경우가 있는데 경직된 스윙으로 클럽 헤드 스피드를 줄어들게 한다. 평소처럼 셋업 자세를 취한 뒤 마지막 단계에서 가볍게 턱을 땅에 떨어뜨리는 느낌으로 턱을 내린다. 다시 어깨와 두 팔, 손도 지면으로 축 늘어뜨려지게 해 두 손의 위치가 거의 발등 위에 있게 한다.

볼이 땅에 떨어져 있기 때문에 모든 것을 땅에 떨어뜨려야 볼에 가까워질 수 있다.

턱, 어깨, 두 팔, 손 모두 가볍게 땅에 떨어뜨리는 느낌을 갖는다. 이때 두 손의 위치는 거의 발등 위에 오게 된다.

스윙을 위한 7가지 준비

Chapter 5

실제 스윙 잘하기 | in-swing

체형이 다르면 스윙도 달라야 한다.

스윙의 점화

반동을 이용한 부드러운 동작으로

어떤 방법으로 스윙에 점화를 할까?
잭 니클라우스는 오른쪽 발뒤꿈치를 살짝 들었다 놓는 동시에 왼쪽 발꿈치를 들어줌으로써 테이크 어웨이를 시작한다.

게리 플레이어는 백 스윙을 시작하기 전 오른쪽 무릎을 타깃 방향으로 조금 밀어 넣었다가 그 반동으로 테이크 어웨이를 한다.

키가 크고 마른 체형의 투어 프로 골퍼들은 왼쪽 히프, 왼쪽 무릎 등 몸의 왼쪽을 타깃 방향으로 아주 조금 밀어주었다가 그것의 반동을 이용하여 테이크 어웨이를 시작한다.

그러나 핸드 포워드 hands forward 라고 하여 클럽을 잡은 두 손을 볼보다 앞쪽으로 밀었다가 그 반동으로 테이크 어웨이를 시작하는 방법은 좋지 않다. 이유는 첫째, 어깨와 클럽 페이스가 열린 채 테이크 어웨이가 되고, 둘째 테이크 어웨이 때 왼쪽 손목의 코킹을 급하게 해 몸과 손, 클럽의 일체성 없이 움직이기 때문이다.

실제 스윙 잘하기

테이크 어웨이 take away

체형에 따라 테이크 어웨이의 스타일도 다르다

클럽과 두 손, 어깨, 가슴이 모두 하나가 되어 볼로부터 떠나가는 원 피스 테이크 어웨이 one piece take away는 가슴이 좁고 팔다리가 길며 키가 크고 마른 체형의 골퍼에게 적당하다. 가슴이 움직임의 주체가 된다. 하지만 보통 체형의 골퍼들이나 상체 근육형이면서 유연성이 없는 골퍼들이 하는 테이크 어웨이는 약간 다르다.

가슴이 움직임의 주체가 되어 원 피스 테이크 어웨이를 하는 마른 체형의 골퍼

보통 체형의 골퍼들은 왼손과 왼팔이 45°로 가슴을 가로지르며 올라갈 때 오른쪽 히프가 오른쪽 발뒤꿈치 쪽으로 돌아가게 된다.
그래서 왼손과 왼팔이 먼저 클럽을 데리고 가면서 어깨, 가슴의 순서로 턴을 하는 순차적인 sequential 테이크 어웨이 움직임이 일어난다.

뚱뚱하거나 가슴둘레가 넓고 유연성이 부족한 골퍼들은 왼쪽 어깨를 볼 뒤편으로 데리고 가는 동작으로 테이크 어웨이를 한다.
이렇게 하면 머리와 상체의 측면 lateral 움직임이 생긴다.

인사이드 테이크 어웨이가 지나치면

백 스윙을 인사이드로 한다는 말을 잘못 이해해 클럽을 몸 쪽으로 가져가려는 현상이 생기거나 아예 몸 뒤쪽으로까지 돌아가게도 한다. 또는 손등을 돌려 클럽 페이스가 열리는 패닝 현상을 일으키며 클럽을 낮게 뒤로 돌리기도 한다. 이런 자세로는 올바른 백 스윙을 할 수가 없다. 볼에서 40~50cm 뒤쪽에 또 다른 볼을 놓고 타깃 라인을 따라 클럽으로 밀면서 테이크 어웨이 하고 난 다음 왼 손목 코킹으로 클럽을 위로 올리는 연습을 해야 한다. 이때 왼 손등을 돌려서 코킹하는 것을 막으려면 왼손을 파워그립(스트롱 그립)으로 해야 한다.

두 발을 다듬거려야 리듬 있고 일체감 있는 스윙을 할 수 있다

완벽하게 어드레스를 한 것 같은데 왜 백 스윙 테이크 어웨이가 자연스럽지 못할까? 볼만 보라는 주문에 눈을 볼에서 떼지 못하고 백 스윙을 시작한다든지 두 발은 지면에 단단히 붙이고 서서 어깨의 긴장을 푼다고 어깨만을 들썩이는 동작 등을 하는 것은 몸이 긴장된 상태로 백 스윙을 하게 만든다.

볼에만 너무 집중하며 백 스윙을 시작하는 것은 좋지 않다.

두 발을 고정시킨 채 어깨를 들썩이는 동작을 하는 것은 좋지 않다.

> 프로는 발을 다듬거리며 조금씩 움직여 자세를 교정하기 때문에 스윙 결과의 폭이 적지만 아마추어는 한 번에 많은 움직임을 교정하기 때문에 스윙 결과의 폭이 크다.

프로들의 모습을 보자. 프로 골퍼들은 볼의 위치를 정하면서, 몸과 볼의 간격, 스탠스 너비 등을 조절하기 위해 두 발을 지면에서 뗐다 붙였다 하며 계속 두 발을 다듬거리고 있다. 중요한 것은 두 발을 다듬거리며 긴장을 완화시킨다는 것이다. 그러면 자연스럽고 편안하게 클럽과 팔, 몸이 함께 움직이는 일체감 있는 테이크 어웨이를 하게 되면서 스윙에 리듬도 생긴다.

두 발을 조금씩 다듬거리며 긴장을 풀자.

그러면 자연스럽고 일체감 있는 테이크 어웨이를 하게 되며 스윙에 리듬도 생긴다.

실제 스윙 잘하기

오른쪽 옆구리와 팔꿈치 사이에 공간을

구력이 쌓여 보기 플레이어에서 벗어날 만도 한데 아직도 견고한 샷을 못하는, 즉 클럽 페이스의 스윗 스폿에 잘 맞히지 못하는 골퍼들의 백 스윙에는 몇 가지 특징이 있다. 클럽을 너무 빠르게 타깃 라인의 안쪽으로 끌고 가서 몸 뒤쪽으로 돌리거나 왼 손등을 돌려 클럽 페이스를 오픈시키는 경우 또는 등을 너무 세운 채 어드레스를 해 왼쪽 어깨와 왼팔이 낮게 올려져 플랫한 백 스윙을 하는 경우 등이다.

클럽을 몸통 뒤쪽으로 돌리는 동작

등을 너무 세워 플랫한 백 스윙 모습

왼 손등을 돌려 클럽 페이스를 오픈시키는 동작

이런 문제를 가진 골퍼들은 오른손 그립을 제어 그립(약한 그립)으로 만들어 테이크 어웨이 때 오른쪽 팔꿈치가 빨리 접히지 않게 하고 클럽이 허리 위치에 갈 때까지 오른쪽 팔꿈치가 옆구리에 닿지 않도록 한다. 그래서 클럽이 오른쪽 허리에 왔을 때 오른팔이 왼팔보다 위에 위치해야 한다.

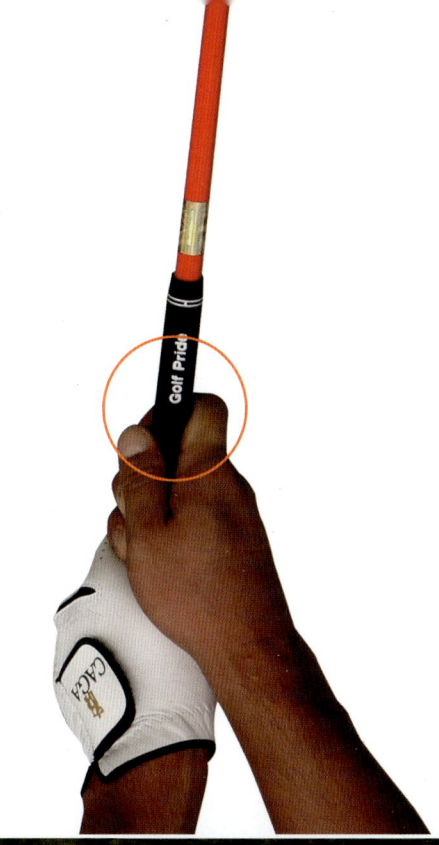

클럽이 오른쪽 허리에 왔을 때 오른팔이 왼팔보다 위에 위치해야 한다.

약한 오른손 그립

백 스윙 back swing

스피드를 내려면 백 스윙을 간결하게

불필요한 움직임을 없애야 핸디캡을 줄일 수 있고 절제된 백 스윙을 해야 헤드 스피드가 빨라지며 또 견고한 샷을 할 수 있다. 많은 보기 플레이어들이 인사이드 스윙을 해야 한다는 말에 집착해 클럽을 몸통 주변으로 돌리며 백 스윙한다.

클럽을 옆으로 넓게 가져가며 스윙 폭을 만든다
위로 높이 올리며 스윙의 길이를 만들자.

> 골프 스윙은 단순하고 쉽고 반복적이어야 한다.

손목 코킹과 팔의 힘에 의해 클럽을 위로 올리며 스윙 길이를 만든다.

그러면 클럽이 몸통 주변으로 돌아가면서 백 스윙 플레인이 플랫해지고 스윙은 복잡해지면서 클럽은 무겁게 느껴지고 컨트롤하기 어려워진다. 절제된 백 스윙이란 단지 왼팔을 펴서 클럽을 돌리는게 아니라 옆으로 넓게 가져가며 스윙 폭을 만들고 손목 코킹과 팔의 힘에 의해 클럽을 위로 높이 올리며 스윙의 길이를 만드는 것이다.

이렇게 하면 파워를 갖기 위해 백 스윙 때 만들어야 하는 너비(width of arc ; 스윙의 중심으로부터 손과 팔이 쭉 뻗어진 정도), 길이(length of arc ; 클럽 헤드가 백 스윙과 다운 스윙 때 여행한 총거리)를 모두 갖추게 되는 것이다.

체형마다 다른 코킹 방법

키가 크고 마른 체형의 골퍼들의 경우는 백 스윙을 시작하면서부터 클럽, 손, 팔, 어깨가 가슴을 중심으로 되어 함께 움직이는 이른바 원 피스 스윙을 하므로 클럽 샤프트가 지면과 평행한 위치에 왔을 때도 손목 코킹이 되지 않는다. 즉 클럽을 쥔 두 손의 위치와 클럽 헤드가 같은 높이에 있다. 그러한 골퍼들은 팔이 높이 올라가며 백 스윙 톱으로 갈 때 비로소 코킹을 하게 된다.

키가 크고 마른 체형의 골퍼는 백 스윙의 중간 위치까지 손목의 코킹이 되지 않는다.

손목의 코킹은 클럽을 위로 올리기 위한 자동적인 움직임이다.

상체가 뚱뚱하고, 키가 작으며 유연성이 없는 골퍼들은 몸에서 클럽을 멀리 밀어주는 역할을 하는 것이 바로 손목의 코킹이다. 코킹의 시작은 두 팔이 볼을 떠나 오른쪽 무릎 앞에 이르렀을 때부터이다. 백 스윙의 3/4에 이르면 코킹은 완성되어 손은 낮게 클럽 헤드는 높게 위치한다. 보통 체형의 골퍼들은 두 손이 오른쪽 허리쯤에 왔을 때 코킹을 시작하면 적절하다.

유연성이 없고 뚱뚱한 체형의 골퍼는 백 스윙의 3/4 위치에서 코킹은 완성된다.

백 스윙의 1/2, 3/4 위치에서 클럽 페이스의 스퀘어를 점검

클럽이 백 스윙의 1/2 위치인 자신의 허리까지 왔을 때 클럽 페이스의 토^{toe} 포지션이 몸의 뒤쪽으로 향하지 않고 약간 지면을 향해 있어야 클럽 페이스가 스퀘어된 것이다. 백 스윙의 3/4까지 갔을 때는 왼팔이 지면과 평행하고 자신이 직접 그립을 잡고 있는 왼손을 볼 때 왼손의 중지와 집게손가락의 마디가 보여야 스퀘어된 것이다.

이 단계에서 만약 모든 손가락의 마디가 다 보이면 백 스윙의 3/4 위치에서 클럽 페이스가 오픈되었다고 하며, 이 상태 그대로 임팩트가 이뤄지면 페이스가 열린 채 공을 치게 된다. 한 개의 손가락 마디만 보일 정도고 나머지 마디는 보이지 않는다면 그 반대로 클로즈된 것이다.

클럽이 허리 위치에 왔을 때 클럽 페이스가 약간 지면을 향해 있어야 스퀘어된 것이다.

슬라이스 샷에서 벗어나지 못해 아예 포기하고 마는 골퍼들 토핑이 많아 볼이 안 뜨는 데다 뒤땅까지 자주 나와 원인 분석조차 안 되는 진퇴양난의 골퍼들은 먼저 백 스윙 중 3/4 위치를 점검해보자. 이런 증상을 보이는 골퍼의 대부분은 백 스윙 3/4 위치에서 클럽 샤프트가 뒤로 누워 있어 클럽 샤프트 끝이 타깃 라인 바깥쪽을 향하는 형태로 스윙을 하고 있다. 백 스윙을 시작해서 왼팔이 지면과 평행한 위치에 왔을 때 클럽 샤프트의 끝 butt end이 볼을 향하도록 연습해야 한다.

백 스윙의 3/4 위치에서 왼팔은 지면과 평행하며 클럽 샤프트의 끝은 볼을 향하고 있어야 한다. 이때 자신의 눈으로 왼손을 봤을 때 중지와 집게손가락 마디가 두 개 정도 보여야 한다.

클럽 샤프트가 너무 뒤로 누워 있다.

왼팔은 몸통에 붙이고 오른팔은 떼어야

다운 스윙 때 오른팔을 몸통에 붙인 채 스윙하라는 말을 오해해 백 스윙할 때도 오른팔을 몸통에 붙인 채 스윙하는 골퍼가 많다. 하지만 대부분 투어 프로들은 백 스윙 때 오른팔이 왼팔보다 위에 위치하며 두 팔 사이에 공간^{window}이 만들어진다. 오른팔을 몸에서 떨어뜨려 백 스윙해야 스윙 아크가 더 커지며 거리도 그에 따라 늘어난다.

오른팔이 자연스럽게 몸에서 떨어져야 볼을 잘 던질 수 있는 것과 같이 다운 스윙 때 골프 클럽을 던져 줄 수 있는 자세가 나온다. 차라리 백 스윙 때 왼팔을 몸통과 붙인 채 스윙하려는 것이 올바른 동작이며 오른팔은 반드시 몸통에서 떨어져야 한다.

볼을 손에 쥐고 멀리 던지려 할 때 손을 뒤로 물리는 동작을 한다.
이때 오른팔은 몸에서 떨어지는 것처럼 골프의 백 스윙에서도 오른팔은 몸에서 떨어져야 한다.

오른팔 하나로 볼을 치는 연습을 하면 백 스윙 때 오른팔이 몸통에서 떨어져야 한다는 것을 알게 된다.

백 스윙 톱에서의 클럽 페이스 방향

왼 손등과 손목이 평평한 모양을 이루고 클럽 페이스가 45° 각도로 하늘을 향하며 손등면과 클럽 페이스 면이 평행할 때 스퀘어 상태가 됐다고 한다. 왼 손목이 안쪽으로 꺾이면cupping 클럽 페이스가 오픈되어 볼이 오른쪽으로 갈 수 있다. 왼 손목이 활처럼 휘게 되면bowing 클럽 페이스가 클로즈되어 볼이 왼쪽으로 가게 된다.

신체 구조나 손목의 발달 정도에 따라 손목과 손등을 평평하게 만드는 것이 불가능한 사람들이 많으니 억지로 이렇게 만들려고 할 필요는 없다. 평평하게 만들려고 노력하다 오히려 보우잉bowing이 될 때는 거리는 줄고 볼은 왼쪽으로 가게 되어 문제가 심각해진다. 망치로 못을 박을 때 그러한 손목 모양으로는 힘을 낼 수 없는 것과 마찬가지다.

왼 손등이 펴지고 클럽 페이스가 45° 각도로 하늘을 향하고 있는 스퀘어 상태

왼 손목이 안으로 꺾여 커핑이 되면 볼은 오른쪽으로 간다.

왼 손목이 밖으로 꺾여 보잉이 되면 볼은 왼쪽으로 간다.

보통 체형 골퍼의 백 스윙은 지렛대 원리로

보통 체형을 가진 골퍼들은 손목의 코킹을 이용해 클럽과 팔의 각을 만들고, '지렛대 원리'를 이용해 그 각이 풀어질 때 나오는 에너지로 파워를 일으킨다. 백 스윙 톱에서 왼팔과 클럽 샤프트가 이루는 각도를 90°가 되도록 한다. 클럽 페이스 앵글과 가파르게 올려진 왼팔의 앵글이 같고, 어드레스 때의 샤프트와 평행하게 되면 가장 이상적이다. 왼팔이 오른쪽 어깨를 가릴 수 있을 정도로 가파르면 된다.

오른 팔꿈치는 되도록 지면을 향하게 한다. 이렇게 하면 왼팔과 오른팔은 삼각형 모양이 된다. 손목의 꺾임(코킹)과 삼각형 모양을 최대한 유지하면서 다운 스윙을 하면 지렛대 효과는 최대화되고, 골퍼들의 숙원인 거리도 늘어난다.

키가 크고 마른 체형의 골퍼는 팔을 높이 올려 스윙

키가 크고 마른 체형이면서 팔다리가 긴 골퍼들의 백 스윙은 왼팔을 높이 올릴 수 있는 신체 조건이므로 높은 위치에서 팔과 클럽이 임팩트를 향해 떨어지면서 일어나는 위치 에너지가 강력한 파워의 원천이 된다. 이런 체형을 가진 골퍼들이 백 스윙 톱에서 어깨의 기울기보다 왼팔이 가파르게 높지 못하면 그들이 가질 수 있는 위치 에너지를 충분히 발휘할 수 없다.

신체적 장점인 위치 에너지를 이용하지 못할 뿐 아니라 다운 스윙도 문제가 되어 슬라이스 샷, 토핑 샷, 생크 샷 등 문제의 샷을 하게 된다. 이런 사람은 어깨의 기울기보다 왼팔이 더 가파른 앵글을 갖도록 하며 왼팔을 높게 해주어야 한다 이때 팔을 높이 올리려는 생각에 어드레스 때 등축의 각 spine angle 을 세워 변화시키면 안 된다.

어깨 기울기 선

왼팔 기울기 선

어드레스 때와 똑같이 등 축의 각 유지

상체 근육형 골퍼는 오른 팔꿈치가 플라잉 엘보되어야

키가 작고 뚱뚱하며 유연성이 부족한 골퍼들은 두 팔을 옆으로 넓게 가져가거나 클럽을 높이 올릴 수 없다. 또는 어깨와 골반의 유연성을 이용해서 어깨, 몸통, 히프 턴을 잘하거나 두 팔과 두 손의 로테이션에서 나오는 스피드, 파워를 기대하기 힘들다. 때문에 백 스윙 때 스윙 폭을 넓히려고 오른쪽 팔꿈치가 몸 뒤쪽으로 나가게 되는 것은 본능적이며 자연스러운 표현이다.

오른팔을 겨드랑이 또는 옆구리에 붙여 백 스윙을 하려고 하면 스윙을 망가뜨릴 뿐 아니라 오른쪽 목 근육에 긴장을 가져오고 특히 백 스윙 아크를 좁게 만들어 거리가 나지 않는다.

비제이 싱은 백 스윙 아크를 넓히기 위해 오른팔과 겨드랑이 사이에 헤드 커버를 끼우고 백 스윙을 하면서 커버를 떨어뜨리는 연습을 했다고 한다.

백 스윙 때 오른팔을 옆구리에 억지로 붙이려고 하지 말자.

오른쪽 팔꿈치가 약간 들리는 것에 과민 반응할 필요가 없으며 오히려 오른쪽 팔꿈치가 들리며 스윙했을 때 스윙이 편했고 거리가 더 많이 났던 경험을 기억할 것이다. 상체 근육이 발달한 체형의 투어 프로 선수들을 보면 백 스윙 톱에서 오른쪽 팔꿈치가 지면을 향하고 있지 않다.

겨드랑이에 끼운 헤드 커버가 백 스윙을 할 때 떨어지도록 한다.

다운 스윙 down swing

보통 체형 골퍼의 다운 스윙

보통 체형 골퍼들의 경우 다운 스윙의 시작은 양손을 아래쪽으로 내리면서 출발한다. 마치 커튼을 열기 위해 줄을 잡아당기는 동작과 같이 다운 스윙을 시작한다. 클럽은 타깃 라인의 안쪽에서 움직여 내려오게 된다.

대부분의 아마추어들은 볼을 칠 욕심이 앞선 상태 다운 스윙을 시작한다. 그래서 양손을 앞쪽으로 움직인다 over the top. 흔히 엎어 친다고 하는 동작이 그것이다.

백 스윙을 잘 해놓고도 다운 스윙 때 양손을 먼저 앞쪽으로 움직이면 클럽은 타깃 라인 바깥쪽에서 안쪽으로 들어오게 된다. 결국 임팩트 때 아웃사이드에서 인사이드로의 스윙 궤도를 갖게 된다. 이때 클럽 페이스가 열린 채 볼이 맞으면 슬라이스 샷, 클럽 페이스가 닫힌 채 볼이 맞으면 풀 샷이 된다.

키 크고 마른 체형 골퍼의 다운 스윙

키가 크고 마른 체형의 골퍼들은 백 스윙을 할 때 왼팔을 높이 올림으로써 위치 에너지(또는 높이 에너지)를 축적, 그 힘으로 파워를 일으킨다. 이 에너지를 다운 스윙 때 잘 이용해야만 강력한 임팩트가 가능하다.

이런 체형은 왼팔을 높이 올렸기 때문에 다운 스윙을 할 때 왼팔이 내려오는 시간이 다른 체형보다 더 걸린다. 그러는 동안 왼쪽 히프를 먼저 타깃 방향, 즉 측면으로 이동해주는 동작 lateral movement이 필요하다.

이러한 동작과 함께 높이 올려진 두 손은 마치 손에 쥔 공을 던지려고 할 때와 같은 동작으로 두 손을 뒤로 물리며 drop inside 내려오게 된다.

키가 작고 상체가 뚱뚱한 골퍼의 다운 스윙

키가 작고 상체가 뚱뚱하며 유연성이 없는 골퍼들의 다운 스윙의 시작은 왼쪽 어깨가 턱에서 분리되며 타깃 방향으로 움직임과 동시에 오른쪽 어깨도 움직여 나간다. 마치 타깃 라인의 아웃사이드를 향해 움직이는 것처럼 보인다.

이때 백 스윙 톱에서 약간 닭날개 모양이 되었던 오른쪽 팔꿈치가 오른쪽 옆구리에 붙어 내려오게 되며 몸무게가 왼쪽 히프로 옮겨질 때 비로소 클럽은 타깃 라인의 인사이드로 돌아오게 된다.

왼쪽 히프가 스윙의 중심축이 되어 몸 오른쪽 부분(오른쪽 무릎, 오른쪽 히프, 오른쪽 어깨)이 회전하게 되면 임팩트 후 클럽은 다시 타깃 라인의 인사이드로 들어오게 된다. 임팩트 구간에서 왼쪽 히프로 몸무게가 옮겨간 뒤에 상체를 회전하면서도 오른발 뒤꿈치는 지면에 그대로 붙어 있다.

키가 작고 뚱뚱한 체형의 골퍼는 백 스윙 톱에서 약간 닭날개 모양이 되었던 오른쪽 팔꿈치를 오른쪽 옆구리에 붙여 내려오면서 다운 스윙이 타깃 라인의 인사이드로 들어오기 시작한다.

임팩트 impact

어깨와 히프의 턴이 있어야 한다

골프에서 임팩트 순간의 자세는 클럽 페이스가 스퀘어되어 있다는 것 외에는 어드레스 때와 같은 모양이 되는 것은 아무것도 없다. 머리의 위치가 어드레스 때보다 타깃 반대 방향으로 기울어져 있고, 왼손의 그립 모양도 손등이 타깃 방향으로 돌아가 있고 왼 손목은 활처럼 약간 휘어 있다. 오른손 그립 모양도 타깃 방향으로 조금 더 돌아가 있으며 오른 손목은 커핑cupping 상태를 유지하고 있다.

또 오른발 뒤꿈치가 들려 있으며(체형에 따라 들려진 정도의 차이가 있다) 오른쪽 무릎은 타깃을 향해 돌아가 있다. 또, 임팩트 순간의 샤프트 각도는 어드레스 때보다 약간 위로 세워져 있다. 어드레스와 임팩트 순간이 현저히 달라야 하는 부분이 또 있다. 어드레스 때에는 히프와 어깨가 모두 타깃에 평행하게 정렬되어 있지만 임팩트 순간에는 히프와 어깨가 타깃의 왼쪽 방향으로 턴이 되어 있다.

어깨와 히프, 무릎이 타깃 왼쪽으로 턴이 된다.

양 손등은 타깃을 향해 돌아가고 왼 손목은 활처럼 휘어 있다.

샤프트의 각도가 어드레스 때보다 위로 세워져 있다.

머리는 타깃 반대 방향으로 기울어진다.

오른발 뒤꿈치가 들린다.

실제 스윙 잘하기

왼 손등으로 볼을 치는 느낌을 가져라

프로 골퍼들을 보면 체형이나 근력, 유연성의 차이에 따라 각기 다른 백 스윙과 다운 스윙 모습을 갖고 있다. 그러나 임팩트 전후의 모습은 거의 같다. 그래서 어떠한 형태의 백 스윙, 다운 스윙을 해도 볼의 방향과 거리에서 비슷한 결과가 나타난다.

그러나 아마추어 골퍼들은 임팩트 전후의 손등이나 팔 모양이 올바르지 않아 방향이 일정하지 않고 거리의 한계를 갖게 된다. 왼 손등을 꺾으며 오른손으로 볼을 퍼올리는 동작이 아니라 왼 손등이 타깃 방향을 향하며 마치 왼 손등으로 볼을 치는 듯한 모습이 되어야 한다. 왼손만 사용해 마치 왼 손등으로 볼을 치는 느낌으로 연습해보자.

왼손만 사용해 왼 손등으로 볼을 치는 느낌으로 연습해보자.

왼 손등을 꺾으며 오른손으로 볼을 퍼올리는 동작

실제 스윙 잘하기 153

임팩트 구간에서의 왼발과 오른발

스윙에서 두 발의 역할은 절대적이다. 다운 스윙 때 왼쪽 무릎과 왼쪽 히프를 돌리라는 강조 때문에 임팩트 구간에 오면서 오른발 뒤꿈치가 지면에서 수직 방향으로 들리거나 타깃의 반대 방향으로 미끄러지듯 밀려나가는 spin out 경우에는 견고한 샷을 할 수 없다.

물론 임팩트 때에는 오른발 뒤꿈치가 2~10cm 정도 지면에서 떨어져야 하지만 이러한 경우에는 임팩트를 지나 폴로스루, 피니시에 이르기까지 오른발을 지면에서 떨어지지 않게 하며 피니시가 다 된 다음에 비로소 오른발을 지면에서 들어올리도록 한다. 이때 오른발이 올바른 모양으로 지면에서 들어올려지는 발 자세 과정을 천천히 만들고(p159 참조) 10초 동안 멈춰 근육에 기억시키는 연습을 해야 한다.

오른발 뒤꿈치가 지면에서 수직 방향으로 들리는 잘못된 경우

왼발 앞부분이 타깃 방향으로 미끄러져 나가거나 오른발, 왼발 뒤꿈치가 모두 들리는 경우도 마찬가지다. 왼발 뒤꿈치에 골프 볼을 놓고 볼을 딛고 선 채 스윙 연습을 해보라. 그저 왼발 뒤꿈치를 들고 스윙 연습을 해도 좋다. 임팩트 순간 왼발의 움직임이 없어질 뿐 아니라 왼쪽 다리에 단단한 벽이 만들어져 스윙하는 듯한 느낌이 올 것이다.

왼발이 타깃 방향으로 미끄러지는 잘못된 경우

양발 뒤꿈치 모두 들리는 잘못된 경우

왼발 뒤꿈치로 볼을 밟고 연습해보자.

폴로스루 follow-through

올바른 폴로스루 자세를 만든 채 10초간 유지하라

폴로스루 때 손과 팔의 모양을 보면 임팩트 때 어떠한 동작이 이루어졌는지 알 수 있다. 임팩트 때 왼쪽 어깨와 히프가 전혀 회전하지 않은 채 두 손의 로테이션만 심하게 일어난 경우에는 폴로스루 역시 왼쪽 어깨와 히프의 턴 없이 두 손만을 로테이션한 모습이 될 것이며 또 로테이션 없이 왼팔을 그대로 뻗으며 나간다든지 왼팔을 뒤쪽으로 잡아당기는 동작으로 임팩트 순간이 이루어지면 클럽 페이스가 열린 채 폴로스루가 된다. 오른손으로 볼을 퍼올리는 듯한 동작으로 임팩트하면 폴로스루 때 두 손이 마치 국자로 퍼올리는 듯한 모양이 된다. 이렇게 올바르지 않은 임팩트 순간의 자세가 올바르지 않은 폴로스루의 모습을 만들게 되는데 공을 치면서 임팩트 자세를 올바로 고치기는 불가능하다.

올바른 임팩트 동작을 만들기 위해 올바른 폴로스루 자세를 근육에 기억시키면 그러한 폴로스루 자세가 나오기 위해 임팩트 순간의 동작은 자동으로 변화하게 된다. 잘못된 폴로스루 자세가 나오면 처음 어드레스 자세로 돌아가지 말고 그 잘못된 자세에서 머리, 왼쪽 다리, 오른발, 히프, 어깨, 팔, 손을 올바른 폴로스루 자세로 고쳐 만들어 놓고 10초 동안 기억시킨다. 5번 정도 반복하는 동안 올바른 폴로스루 자세가 서서히 나오게 됨은 물론 임팩트 순간의 모습도 변화되고 있음을 알게 된다.

우선 [1]머리를 공 뒤쪽으로 남겨놓고 시선도 공 뒤쪽에 놓아야 한다. [2]왼쪽 무릎을 펴고 오른쪽 발바닥 바깥쪽을 들고 오른쪽 엄지발가락을 누르며 발뒤꿈치 쪽을 수직으로 살짝 들어준다. [3]왼쪽 히프를 30~45° 정도 타깃의 왼쪽으로, 어깨를 5~15° 정도 타깃의 왼쪽으로 턴을 시킨다. 다음엔 [4]왼팔과 오른팔의 로테이션이 되게 하여 왼 손바닥이 하늘로, 오른 손바닥이 지면을 보게 한다(처음엔 좀 과장해서 한다). 이러한 일련의 동작을 차례로 하나하나 올바르게 만들고 '1부터 10' 까지 세며 근육에 기억시킨다.

왼쪽 히프 턴을 하며
몸통 전체가 로테이션되는
올바른 폴로스루 동작

로테이션에 대한 올바른 이해

슬라이스 샷을 자주 하는 골퍼나 클럽 헤드 스피드가 느린 골퍼들에게는 두 팔, 두 손의 로테이션에 유의하여 다운 스윙할 것을 강조한다. 그래서 아마추어 골퍼들은 두 발과 두 다리를 고정하고 왼쪽 히프, 왼쪽 어깨의 회전 없이 두 발과 두 손의 로테이션만으로 클럽이 닫히는 연습을 주로 한다.

실제 볼을 칠 때 임팩트를 지나는 과정에서 두 팔과 두 손의 로테이션을 생각하며 스윙하면 볼은 탄도가 아주 낮게 타깃의 왼쪽으로 가게 된다. 다운 스윙 때 두 팔과 두 손의 로테이션은 반드시 왼쪽 히프 턴, 왼쪽 어깨의 턴과 함께 이루어져야 하며 일체감 있는 몸 전체 움직임의 하나인 것을 알아야 한다.

> 스윙 때 몸의 움직임을 생각하면 클럽과 몸의 일체성이 깨진다. 볼을 중심으로 생각해야 볼을 올바로 칠 수 있다.

팔과 손의 로테이션 동작에 집중하여 스윙하면 일체감 있는 스윙을 하기란 힘들어진다. 특히 팔다리가 짧은 상체 근육형 골퍼들은 팔다리가 길고 마른 체형의 골퍼들보다 두 팔과 두 손의 로테이션이 적고 그것보다는 몸통 로테이션이 더 중요한 파워의 원천이 된다.

상체 근육형 골퍼에게는 몸통 로테이션이 더 중요한 파워의 원천이다.

임팩트 후 왼팔을 빨리 접어라

임팩트를 지나 초기 폴로스루 포지션, 즉 4시 방향(백 스윙의 테이크 어웨이 포지션을 8시 방향, 초기 폴로스루 포지션을 4시 방향이라고 가정한다)까지는 왼쪽 팔꿈치의 구부림 없이 왼팔 회전과 함께 곧게 뻗어나간다. 물론 이때 왼 손목의 꺾임은 없다. 그러나 그 이후 포지션부터는 오른팔, 오른쪽 어깨, 몸의 오른쪽 부분 근육이 사용되어 왼팔이나 왼손의 작용은 수동적으로 바뀐다.

그런데 임팩트를 지나며 왼팔을 뻗어 주어야 한다는 강조 때문에 왼팔과 손, 클럽의 회전 없이 임팩트를 지나 폴로스루가 4시 방향을 넘어 3시, 2시 방향을 지나면서도 왼팔을 뻗은 채 스윙하면 많은 문제가 발생된다.

3시 이후 방향까지도 왼팔을 뻗어 주는 것은 잘못

폴로스루 4시 방향까지 왼팔은 곧게 뻗어 준다.

즉, 임팩트를 지나 초기 폴로스루를 할 때 클럽 페이스가 조금씩 닫히면서 나가야 함에도 불구하고 왼팔을 뻗어 주는 압박으로 왼팔 회전이 되지 않아 클럽 페이스가 그대로 열린 채 나가게 된다. 특히 임팩트를 지나 초기 폴로스루를 하면서 클럽이 타깃 라인 안쪽으로 들어오는 인사이드 궤도를 만들지 못하게 된다. 이러한 스윙을 반복하게 되면 클럽의 회전이 일어나지 못해 클럽 헤드 스피드가 줄고 클럽 페이스가 열려 슬라이스성 샷에서 벗어날 수 없게 된다.

그래서 왼팔을 뻗은 채 스윙하려는 대신 초기 폴로스루, 즉 4시 포지션을 지나면서 왼쪽 팔꿈치를 빨리 접어주는 연습을 해야 한다. 그렇게 하면 두 팔을 들어올리며 클럽을 등에 메고 있는 듯한 피니시 자세가 고쳐진다. 또 이러한 훈련으로 클럽 헤드 스피드는 점점 빨라져 거리가 늘어나며, 클럽 페이스, 왼손, 왼팔, 나아가 몸통을 회전할 수 있는 기회를 갖게 돼 슬라이스 샷에 대한 고민도 덜게 된다.

4시 포지션을 지나면서 왼쪽 팔꿈치를 빨리 접는 연습을 하자.

두 팔을 낮추어 피니시하는 모습이 된다.

피니시 finish

보통 체형 골퍼의 피니시

보통 체형 골퍼의 경우 어떤 피니시가 몸에 맞는 것인지 먼저 임팩트 직후를 보자. 어드레스 때와 달리 어깨가 타깃을 향해 5~10° 열려 있고 히프는 30~45° 가량 돌아가 있다.

타깃 방향으로 5~10° 열린다.

30~45° 가량 돌아간다.

오른발 안쪽이 타깃 방향으로 돌아간다.

클럽 샤프트는 지면과 대각선 모양으로 내려진다.

가슴은 타깃의 왼쪽을 향하고 오른쪽 어깨는 타깃 라인에 가깝게 위치하며 왼쪽 어깨보다 오른쪽 어깨가 낮게 기울어진다.

오른쪽 발꿈치가 다 들려 상체는 곧게 세워진다.

오른발 뒤꿈치 역시 임팩트 순간에는 거의 지면에서 들리지 않지만 직후에는 오른발 안쪽이 타깃 방향으로 돌아가 있다.

이제 피니시 자세가 되면 가슴은 타깃의 왼쪽을 향하며 오른쪽 어깨는 타깃 라인에 가깝게 위치하고 오른쪽으로 기울어져 있다. 오른쪽 발꿈치가 다 들려 상체는 곧게 세워져 있으나 머리는 오른쪽으로 기울어져 있다.

즉 왼쪽 어깨보다 오른쪽 어깨가 낮은 모습으로 피니시된다는 말이다. 이 자세에서 클럽 샤프트는 지면과 대각선 모양으로 내려지게 된다.

키가 작고 상체가 뚱뚱한 골퍼의 피니시

키가 작고 상체가 뚱뚱하며 유연성이 부족한 골퍼들은 다운 스윙을 시작해 임팩트로 오면서 몸통과 머리를 타깃 방향(원래 어드레스했을 때의 위치)으로 움직이며 왼쪽 엉덩이에 몸무게를 실어 놓는다.

임팩트 때 두 발은 지면에 붙어 있고 몸무게는 왼쪽 다리로 이전돼 있다.

척추가 곧게 펴져 있는 일자형 피니시

이때 두 발이 지면에 붙어 있는 상태에서 왼쪽 다리를 축으로 상체가 돌아간다. 몸의 왼쪽에 몸무게를 다 지탱시키고 균형을 잃지 않은 채 강한 상체의 힘을 이용하여 회전하면 올바른 피니시 모양이 나온다.

상체와 하체는 곧게 세워져 배꼽이 타깃 방향을 마주 보고 있으며 어깨는 지면과 평행하고, 머리는 왼발 위에 위치하여 척추가 곧게 펴져 있는 일자형(I) 피니시가 이루어진다.

실제 스윙 잘하기 165

키가 크고 마른 골퍼의 피니시

키가 크고 마른 체형의 골퍼들은 백 스윙을 할 때 클럽을 옆으로 넓게 또 위로 높게 가져간다. 다운 스윙은 왼쪽 히프를 타깃 방향으로 측면 이동하면서 시작된다.
이때 오른손은 마치 볼을 던지기 위해 볼을 쥔 손이 살짝 뒤로 물리는 것과 같은 동작으로 두 손이 클럽을 끌고 내려온다.

발뒤꿈치가 들리며 체중 이동이 이루어진다.

오른팔은 몸통에 붙은 채 내려와 클럽은 타깃 라인의 안쪽에서 바깥쪽으로 나아가게 된다. 머리와 어깨는 타깃과 반대 방향에 남아 있도록 해야 두 팔의 스피드를 이용할 수 있다.

이때 히프는 턴이 되고 발뒤꿈치가 들리기 때문에 체중 이동이 이루어질 수 있고 두 팔이 멀리, 길게 로테이션되며 폴로스루된다.

피니시 동작에 가면 두 팔이 왼쪽 어깨를 넘어갈 때 가슴은 타깃을 보고 머리는 오른쪽 발 위에 있으며, 상체의 모양은 마치 C자를 거꾸로 뒤집어 놓은 것처럼 된다. 피니시 자세를 뒤에서 보면 두 팔이 높이 올려지는 하이 피니시의 모양이 되며 클럽은 머리 뒤편으로 돌아가게 된다.

역 C자 형태의 피니시와 하이 피니시를 이룬다.

제대로 된 피니시 동작을 해보지 못한 골퍼들을 위하여

다른 사람의 스윙을 바라보고 있으면 전체 스윙 동작 중에서 정확히 눈에 보이는 부분은 어드레스와 피니시 때의 모습뿐이다. 프로 골퍼들에게선 피니시 모습에서 멈추어 있는 시간이 어드레스 자세로 서 있는 시간보다 더 길게 보인다. 그러나 아마추어들은 백 스윙을 시작하기 전 어드레스 자세를 취하며 많은 생각을 하고 몸을 이리저리 움직이는 데 시간을 낭비하면서 올바른 피니시 모습을 취하는 데는 매우 인색하다.

실제로 골프 스윙을 어떤 모양으로 했는지 순간 동작은 눈에 띄지 않지만, 피니시 자세는 남의 눈에 보이는 부분이다. 그래서 백 스윙 자세가 조금 눈에 거슬리는 부분이 있더라도 피니시 자세가 좋으면 스윙 폼이 훌륭하다는 말을 듣게 되고, 백 스윙이나 다운 스윙을 멋지고 올바르게 했어도 피니시의 모습이 올바르지 않으면 전체적인 스윙 폼이 일그러져 보인다.

또 피니시 자세를 보면 그 사람이 어느 정도의 골프 핸디캡을 가지고 있는지, 임팩트 순간에 어떠한 동작을 취했는지도 알 수 있다. 그래서 임팩트 순간의 잘못된 스윙 동작 때문에 폴로스루와 피니시 모양이 잘못되어 나타나면 잘못된 피니시 자세로 스윙을 끝내지 말고 피니시 자세를 올바르게 고치고 그것을 근육에 기억시키는 시간을 갖는다. 그러면 기억된 피니시 모양이 나오기 위해 자동적으로 임팩트 순간의 동작이 고쳐진다.

임팩트 순간에 몸무게의 이전이 안 되거나 클럽으로 볼을 퍼올리는 동작이 나온다든지, 왼팔을 잡아당기거나 하는 등의 문제점을 고쳐보려고 그에 대한 해결 동작을 생각하며 스윙을 하다 보면 공을 잘 맞출 수 없게 된다.

스윙을 다 마치고 자기 나름대로 피니시를 한 다음 피니시 자세를 체형에 맞게 올바르게 고쳐놓고 10초 동안 근육에 기억시키는 시간을 갖는다. 이러한 과정을 5차례 반복하게 되면 피니시 자세가 올바르게 만들어질 뿐만 아니라 임팩트 순간의 동작도 서서히 정확하게 고쳐지게 된다.

오른쪽 발바닥을 지면에 붙여 놓고 상체가 타깃의 반대 방향으로 기울여지며 임팩트 순간 전혀 체중 이동이 안 된 듯한 모양으로 피니시가 된 골퍼들은 여기서 스윙을 끝내지 말고 그 피니시 자세에서 오른발 뒤꿈치를 들고 엄지발가락으로 세워서 오른쪽 발바닥이 지면과 90°가 되게 만들어 놓고 10초 동안 멈춘 상태로 서 있도록 한다. 그렇게 5회 이상 반복하게 되면 올바른 피니시 자세를 만들 수 있는 것은 물론 임팩트 순간에 자동적으로 몸무게의 이동이 이루어지게 된다.

임팩트 때 클럽을 들어올리며 볼을 퍼올리는 듯한 동작으로 스윙을 하는 골퍼들은 피니시 자세가 클럽이 어깨에 닿지 않고 어깨 위로 들려져 두 손으로 붙들고 있는 듯한 모양이 되거나 클럽이 등 뒤로 넘어가 마치 포대자루를 걸러 멘 듯하게 피니시가 된다. 그 자세에서 오른쪽 어깨를 돌려 클럽의 샤프트가 뒷 목의 중간쯤에 닿을 정도가 되게 만들어 놓고 10~20초 동안 멈춘 상태로 서 있도록 한다. 임팩트 때 견고한 샷을 할 수 있는 기회를 갖게 된다.

임팩트 때 왼팔 로테이션 대신 왼쪽 팔꿈치를 잡아당겨 스윙하는 사람의 피니시 자세는 대부분 왼쪽 팔꿈치를 너무 뒤로 잡아당겨 왼쪽 팔꿈치와 오른쪽 팔꿈치가 많이 벌어진 모양이 된다. 왼쪽 팔꿈치와 오른쪽 팔꿈치를 서로 가깝게 만들어 피니시 자세를 만들고 10초 동안 멈춘 상태로 서 있으면 임팩트 순간에 왼팔을 잡아당겨 왼쪽 팔꿈치가 구부러지는 것을 고칠 수 있다.

연습 스윙을 할 때나 연습장에서 볼을 칠 때는 피니시 자세를 쉽게 취할 수 있으나 실제 골프 코스에서는 피니시 자세를 한 번도 제대로 취해 보지 못한 사람은 스윙을 다 했다고 생각하는 시점에서 그냥 골프 클럽을 내려서 끝내지 말고 그 위치에서 위에 열거한 올바른 피니시 자세를 의도적으로 만들어 놓고 10초 동안 멈춘 상태로 있다가 스윙을 끝낸다. 이렇게 5회를 반복하면 근육에 기억이 되어 자신도 모르게 올바른 피니시 동작이 자동으로 나오게 됨을 경험할 것이다.

실제 스윙 잘하기

The 3rd Lu... Fair와 함께하는
제 1기
Golf Acad...
8/28(월)~8/30(수)
오후 2시~4시

최혜영 프...

Luxury
Golf Fair 3rd

1 : 249.41m
2 : 248.35m
3 : 246.92m
4 : 246.09m
5 : 243.81m

Chapter 6

골프 스윙의 발전을 위한 X-파일

자신감이 골프 스윙을 만든다.

몸의 꼬임을 기억하라

무릎을 꿇고 앉아 하체를 고정한 채 꼬임을 느껴보자.

골프 스윙의 주된 파워 소스는 상체와 하체의 꼬임coiling과 손목의 코킹cocking이다. 그런데 동양 사람이 만들 수 있는 꼬임의 힘은 매우 미약하다.

그 꼬임을 크게 하려고 몸을 너무 많이 사용하다가 하체가 무너지면 두 팔로만 스윙하는 것보다 파워가 약하다. 꼬임을 익히기 위해서는 연습장에서 두 발을 모으고 어드레스해, 하체를 고정하고 상체만을 꼬아서 스윙하며 볼을 쳐보는 것이다.

실내에서는 하체를 고정하기 위해 무릎을 꿇고 앉아 몸통만 턴이 되게 하여 상체와 하체가 꼬이는 느낌을 자주 느껴봐야 한다. 상체와 하체의 올바른 꼬임이 커질수록 클럽 헤드의 스피드는 빨라진다.

두 발을 모으고 하체의 움직임을 자제하여 스윙해 보자.

손목 코킹 훈련

No Good!

백 스윙을 할 때 왼 팔꿈치를 굽히지 말고 손목 코킹의 힘으로만 클럽을 들어올려야 하지만 손목의 힘이 부족해 팔꿈치를 구부려 클럽을 위로 올린다든지 상체를 일으켜 세우며 클럽을 들어올리는 경우가 있다.

손목 힘을 키워 클럽을 올리고 왼 팔꿈치는 되도록 펴 왼팔의 힘으로 클럽을 더 높이 들어올릴 수 있어야 스윙 아크가 커져 클럽 헤드 스피드를 빠르게 할 수 있다. 그런데 억지로 왼팔을 펴서 클럽을 올리는 동작은 오히려 클럽 헤드 스피드를 약화시킬 수 있다. 긴 막대나 봉 또는 아령을 가지고 왼쪽 손목을 꺾어서 위로 올리는 훈련을 하면 코킹에 필요한 근육이 생겨 스윙 때 왼 팔꿈치가 자동적으로 펴지게 된다.

아령을 이용하여 손목의 힘을 키우면 왼 팔꿈치를 구부리지 않고 클럽을 위로 올릴 수 있게 된다.

백 스윙 때 어깨와 몸통의 회전

실제로 백 스윙 때 어깨와 몸통의 회전 동작을 올바르게 하는 사람은 많지 않다. 대부분이 왼쪽 히프를 목표 방향으로 내밀며 왼쪽 어깨를 돌리는 시늉을 하거나, 턱을 들어 올려 왼쪽 어깨를 그 밑에 넣으려고 하거나, 왼쪽 어깨는 움직이지 않고 머리만 왼쪽으로 기울인다든지 하체를 중심으로 상체 회전이 전혀 되지 않는 상황이 벌어진다.

이러한 사람들은 왼쪽 어깨 회전을 '왼쪽 어깨를 돌리는 것이다' 라고 생각하지 말고 볼에서 5~7cm 뒤 오른쪽 방향으로 왼쪽 어깨를 가져간 다음 몸통 전체를 돌려 자신의 등이 목표 방향과 마주보도록 만든다. 이러한 연습을 해야 어깨와 몸통이 올바르게 회전하는 백 스윙을 할 수 있다.

볼에서 5~7cm 뒤 오른쪽 방향으로 왼쪽 어깨를 가져간 다음 등이 목표 방향과 마주보게 한다는 생각을 갖자.

복근을 길러야 올바른 회전이 가능하다

백 스윙 때 잘못된 회전 동작으로는 상체와 하체가 꼬였다 풀어지면서 나오는 '꼬임 coiling의 파워'를 가질 수 없게 되고 백 스윙 톱에서 클럽 샤프트가 타깃 방향의 오른쪽이나 왼쪽으로 치우치게 되어 일정하고 안정된 샷을 하기가 힘들다.

상체는 80~100° 하체는 40~60° 정도 돌아가 상체와 하체의 꼬임이 일어나고 백 스윙 톱에서 클럽 샤프트가 타깃 방향에 평행하게 될 만큼 회전을 하려면 기술이나 연습만으로는 힘들고 반드시 윗몸 일으키기와 같은 운동을 통해 복근의 힘을 키워야 한다. 복근에 힘이 없으면 상체와 하체의 꼬임이나 올바른 회전이 이루어지지 않아 클럽 샤프트가 타깃 방향과 평행하기 어렵다.

레이트 히트는 왼팔과 왼손의 로테이션이 함께 해야 한다

다운 스윙을 하면서 손목 코킹을 일찍 풀지 않는 연습을 한다고 왼팔과 왼손의 로테이션 없이 스윙을 하면 슬라이스가 더 심해지고 생크 샷까지 발생해 문제는 더욱 심각해진다. 또 코킹은 유지되는 것 같지만 거리는 오히려 줄어든다. 코킹을 유지해 끌고 내려오는 연습을 과장되게 하는 골퍼들은 임팩트 때 왼 손등이 거의 하늘을 보고 있다.

우선 다운 스윙을 하면서 클럽을 잡은 두 손이 오른쪽 허리에 왔을 때 클럽 끝$^{butt\ end}$이 공을 향할 만큼 손목 코킹을 유지하게 한다. 두 손이 오른쪽 바지줄에 오게 되면 왼 손등과 클럽 페이스 면이 지면과 수직이 될 만큼 히프와 몸통의 로테이션이 있게 된다. 임팩트 순간이 되면 왼쪽 손등이 타깃을 보게 될 만큼 팔과 손의 로테이션이 이루어져야 한다. 팔과 손의 로테이션이 올바로 이뤄질 때 비로소 싱글 핸디캡 플레이어로 성장할 수 있다.

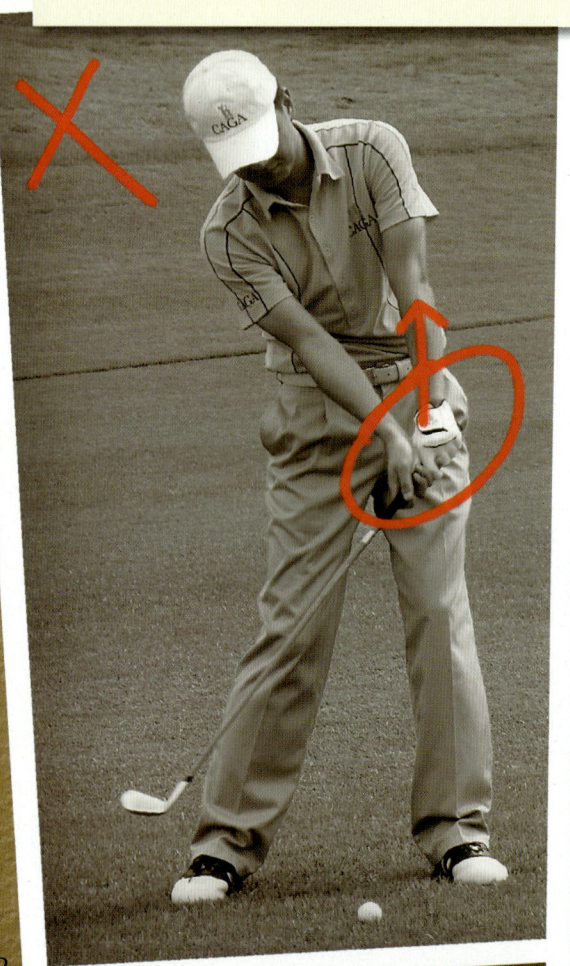

왼손 하나로만 연습해야 왼팔 로테이션을 할 수 있다

임팩트를 지나며 왼 손목의 구부러진 동작cupping이 있다면 아무리 연습 볼을 많이 치고 다운 스윙 궤도를 인사이드로 해도 토핑 샷이나 뒤땅 샷, 방향성의 난관에서 벗어나기 힘들다. 모든 프로 골퍼들의 임팩트 후 폴로스루는 왼팔 로테이션이 일어나면서 왼팔, 왼손이 오른팔이나 오른손 밑에 위치하는 모습을 보인다. 보통 아마추어들이 만드는 모습과는 정반대의 형태다.

이때 왼쪽 히프는 45°, 왼쪽 어깨는 15° 정도로 타깃 방향의 왼쪽을 향해 회전을 하는 것도 중요한 움직임이다. 왼손 하나로만 클럽을 쥐고 백 스윙해서 왼쪽 히프를 턴하며 왼팔의 로테이션을 해서 다운 스윙하는 연습을 해야 한다.

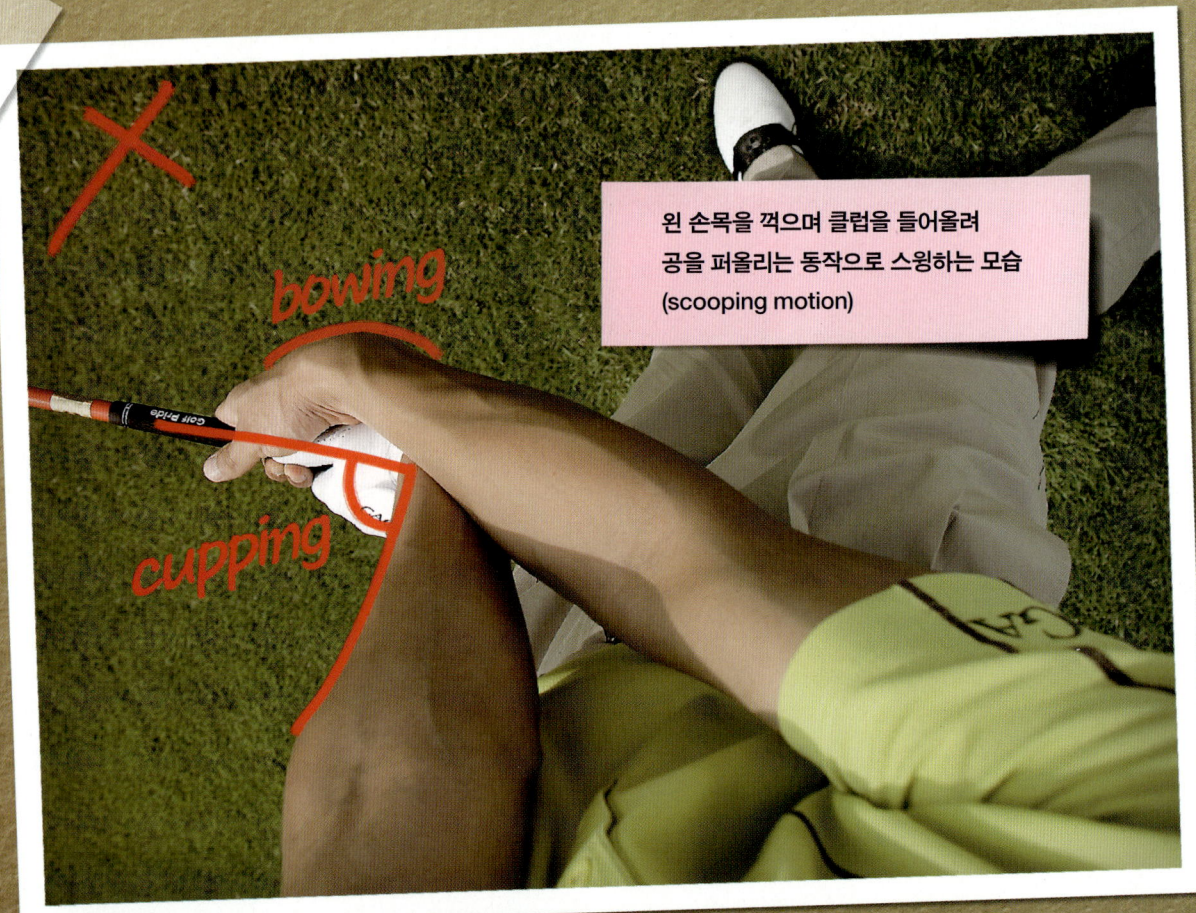

왼 손목을 꺽으며 클럽을 들어올려 공을 퍼올리는 동작으로 스윙하는 모습 (scooping motion)

왼손 하나로만 볼을 치며
왼팔, 왼손의 로테이션을 느껴보자.

팔, 손, 클럽의 움직임을 절제하라

움직임이 많은 것은 핸디캡이 높은 것이다.

벽에서 약 50~60cm 떨어져 스윙을 하되 벽을 치지 않도록 한다.

'팔과 손과 클럽의 움직임을 절제하라'고들 한다. 큰 근육을 이용하여 파워를 내라는 말이다. 그에 대한 연습법을 소개한다. 벽을 등지고 발뒤꿈치를 벽에서 약 50~60cm 띄운 뒤 어드레스하고 스윙을 한다.

두 손이 허리에 올 때까지 클럽을 부드럽게 밀어서 테이크 어웨이하고 허리를 지나면서 서서히 손목의 코킹과 왼팔로 클럽을 들어올리고 하체를 고정한 채 왼쪽 어깨와 몸통을 턴하여 백 스윙 톱에 이른다. 다운 스윙은 클럽의 끝이 공을 향하며 내려와 클럽이 타깃 라인의 안쪽에서 스윙되게 한다. 두팔과 클럽이 로테이션되어 임팩트, 폴로스루되고, 오른쪽 어깨와 몸통을 돌려 피니시한다.

스윙을 하는 내내 클럽 헤드가 벽을 치는 일이 없어야 한다. 그래야 클럽과 팔과 몸통이 함께 연결되어 일체감있는 스윙을 한 것이다.

폴로스루 때 몸의 일체성 유지 연습법

아마추어에게 몸과 팔의 일체성이 가장 부족한 위치는 임팩트를 지나는 순간이다. 왼팔을 잡아당겨 클럽 샤프트의 끝butt end이 배꼽을 벗어나도록 폴로스루 한다든지, 히프 회전이 너무 심하고 두 팔이 미처 따라주지 못해 결국 두 손으로 클럽을 퍼올린 모양의 폴로스루라든지 또는 다운 스윙 때 오른쪽 어깨가 먼저 나가며 상체가 하체보다 미리 회전이 돼버린 상태로 폴로스루한 모양들은 모두 몸과 두 팔과 클럽이 일체성 없이 따로 움직이며 스윙이 이루어진 것이다.

이를 방지하기 위한 연습법으로는 클럽 하나를 양팔 겨드랑이에 끼운 채 8번이나 9번 아이언으로 샷을 시도해 본다. 스윙은 손목의 코킹이 일어나기 전까지만 한다. 이때 몸통과 두 팔, 클럽이 함께 움직여 클럽 샤프트의 끝이 배꼽을 향하도록 한다. 다운 스윙을 거쳐 임팩트를 지나면서 얼굴의 오른쪽 뺨을 볼 뒤편에 남겨놓고 몸통과 팔과 클럽이 함께 움직여 나가도록 연습한다.

스웨이 고치는 법

스윙 때 상체가 좌우로 움직이는 것보다 하체를 버텨주는 다리나 무릎의 좌우 움직임이 많아지는 현상을 '스웨이sway'라고 한다. 즉 하체를 단단하게 받치고 상체가 확실하게 회전하면서 생기는 코일의 힘이 없는 것이다. 이런 스웨이가 일어나는 골퍼는 오른발 앞부분을 안쪽 방향으로 죄어 놓고 백 스윙 연습을 한다.

또는 두 발의 뒤꿈치를 모두 들고 어드레스한 다음 백 스윙과 다운 스윙을 할 때 임팩트를 지나면서 왼발 뒤꿈치를 지면에 닿게 하여 폴로스루, 피니시하는 연습을 한다. 백 스윙 때는 몸무게가 오른쪽 허벅지, 오른발 안쪽에서 느껴지고 다운 스윙과 임팩트를 지나면서 몸무게가 왼쪽 허벅지, 왼발 안쪽에서 지탱되는가를 느껴야 한다.

무릎이 밀려나는 스웨이 현상

스웨이 고치는 연습법

역피봇이란

역피봇이란 몸의 중심축이 자연스럽게 기울어지지 못하고 그 반대 방향으로 기울어지는 것을 말한다. 클럽을 쥘 때 왼손이 위쪽을, 오른손이 그 밑을 잡기 때문에 오른쪽 어깨가 왼쪽보다 5~8cm 내려간다.

그래서 어드레스 때 몸의 중심축이 오른쪽으로 2° 정도 기울어지는 것이 자연스러운 자세이다. 이것과는 반대인 왼쪽 방향으로 몸이 기울어지는 상태를 어드레스 때의 역피봇 현상이라 한다. 역피봇은 어드레스뿐만 아니라 백 스윙, 다운 스윙, 임팩트 그리고 폴로 스루, 피니시에서도 나타날 수 있다.

백 스윙 때의 역피봇 현상 치료법

역피봇 현상은 백 스윙을 하면서 특히 많이 발생한다. '백 스윙을 충분히 하라', '왼팔을 펴라' 라는 말이나 '머리를 움직이지 말라' 는 말을 강조하면 스윙이 지나치게 많이 이루어지면서 오른쪽 다리가 펴지고 등이 타깃 방향으로 기울어지는 현상이 나온다. 몸무게가 왼발에 남아 있고 머리와 중심축이 타깃 방향으로 쏠리는 '역피봇 현상'이 일어난다. 이때 오른발을 반 발자국 정도 뒤쪽으로 옮기고 발뒤꿈치를 든 채 백 스윙을 해본다. 머리와 왼쪽 어깨를 타깃 반대 방향, 볼에서 5~7cm 정도 오른쪽 방향으로 움직이면서 몸통을 회전시킨다. 등, 척추의 각도가 오른쪽 방향으로 기울어진 자세로 백 스윙 톱에 이르면 역피봇 현상을 피할 수 있다.

오른발을 반 발자국 정도 뒤로 옮기고 난 후 발 뒤꿈치를 들고 백 스윙을 해본다. 이때 머리와 왼쪽 어깨를 볼에서 5~7cm 정도 오른쪽으로 움직이면서 몸통을 회전시킨다.

Chapter 7

잘못 알고 있는 이론

골프 스윙은 학생 중심의 모델로 가르쳐야지 선생 중심의 모델로 가르쳐서는 안 된다.

오른팔을 쓰지 말고 왼팔로만 스윙하라?

오른팔을 쓰지 말고 왼팔로만 스윙하라는 것은 잘못된 이론이다. 오른손잡이는 오른팔, 오른손을 쓰는 것이 당연하고 자연스럽다. 왼팔로 스윙하라는 것은 몸의 왼쪽 부분(무릎, 힙, 팔, 어깨의 순서)으로 다운 스윙을 리드하라는 것이지, 왼팔만으로 볼을 치라는 것은 아니다. 몸의 왼쪽 부분이 리드하고 오른쪽 부분이 실제로 볼을 치는 역할을 해야만 올바른 피니시 자세도 나오게 된다.

테니스의 포핸드 스트로크를 연상하면 몸의 오른쪽 부분에 대한 중요성을 이해할 수 있다. 오른손잡이가 라켓으로 볼을 칠 때는 오른쪽 팔과 손이 중요한 역할을 하듯, 볼을 치고 클럽을 던지는 듯한 동작은 어디까지나 오른쪽이 해야 한다.

골프 스윙의 파워 즉, 클럽 헤드 스피드를 빠르게 해주는 요소는 여러 가지가 있지만 그 근본적인 요소는 손목의 코킹에 의해 만들어진 팔과 클럽에서 이루어지는 지렛대^{lever}의 힘이다. 오른손잡이에게 왼팔로 만들어진 지렛대는 왼팔과 클럽 두 부분이다. 하지만 오른팔로 만들어진 지렛대는 클럽과 오른팔 앞부분, 접힌 팔꿈치에 의한 오른팔 뒷부분까지 세 부분으로 지렛대가 하나 더 많다.

또 오른 손목의 커핑^{cupping} 상태가 임팩트를 지나 퍼지며 클럽 헤드에 스피드를 더해 주는 힘까지 부가된다. 오른손잡이가 오른쪽을 잘 사용하지 못하면 타깃의 오른쪽 방향으로 가는 샷을 잡지 못하며 거리를 내는 결정적 요소인 클럽 헤드 스피드를 내기 힘들다. 물론 몸의 오른쪽 부분이 중요하지만 왼쪽 근육이 너무 약하면 스윙 때 몸을 리드하고 버티고 지탱하는 힘이 없고 왼쪽 벽이 무너져서 파워 손실이 커지고 볼의 방향성도 안 좋아진다.

잘못 알고 있는 이론 197

기마 자세를 만들어라?

'어드레스 때 기마 자세를 취한 듯 몸의 자세를 만들라'고 하는 것은, 백 스윙과 다운 스윙 때 항상 일정하게 척추의 각도(상체가 앞으로 기울어져 만들어진 척추의 각)를 유지하면서 스윙하는 데 방해되는 자세이다.

기마 자세를 만들겠다고 무릎을 굽히고 무릎에 힘이 들어가면 백 스윙이나 임팩트 때 무릎이 펴져 척추의 각도가 세워졌다 눕혀졌다 하게 되며, 또한 몸무게가 발뒤꿈치로 가 있는 모습이 된다. 올바른 어드레스 자세는 무릎이 펴진 상태에서 엉덩이를 뒤로 빼 상체를 앞으로 기울이고 양쪽 허벅지를 살짝 내밀어 무릎에 가볍게 탄력을 주는 것이다. 이때 무릎이 약간 앞으로 나오게 되는데 무릎을 굽혀 앞으로 튀어나온 상태와는 전혀 다르다.

양 발의 약간 앞부분에 몸무게를 실어 주어야 한다. 마치 수영장에서 다이빙을 하기 전 수영 선수들의 모습이나 호각소리를 기다리며 출발선에 있는 육상선수들의 모습을 연상하며 스포츠적인 어드레스 자세를 취해야 스윙을 하는 내내 기울어진 척추의 각도를 그대로 유지할 수 있다.

핸드 포워드하라?

임팩트 때 두 손이 클럽의 헤드보다 앞에 위치해야 토핑 샷이나 뒤땅 샷을 방지할 수 있다고 하여 다운 스윙을 하면서 핸드 포워드 hands forward 하는 연습을 한다. 이러한 내용은 다운 스윙과 임팩트를 지나며 클럽 헤드가 앞서가고 두 손이 뒤쫓아 클럽 헤드로 볼을 퍼 올리듯 스윙하는 scooping motion 사람들을 위한 가르침인 것이다.

그런데 이것을 잘못 이해하여 어드레스에서도 클럽보다 클럽을 잡은 두 손을 앞으로 하여 자세를 취하는 골퍼들이 생각보다 많다. 이러한 골퍼들의 경우 어드레스 때 왼팔과 클럽 샤프트가 이루는 각이 커지게 되며 이런 자세는 스윙에서 여러 가지 문제를 일으킨다. 어드레스 때 왼쪽 어깨가 열리게 되며 클럽 페이스도 오픈된다. 백 스윙 때 손목을 쓰며 빠르게 코킹을 하게 되어 스윙의 시작부터 클럽과 팔과 몸이 일체감있게 움직이는 것이 불가능해진다.

어떤 클럽을 사용하든 어떤 종류의 샷을 하든 클럽의 끝 butt end 과 두 손의 위치는 왼쪽 바지 줄과 배꼽 사이에 위치해야 한다. 긴 클럽 사용 때 핸드 포워드하여 어드레스하면 클럽의 끝과 두 손의 위치가 왼쪽 바지 줄 위치에서 벗어나게 된다. 이 경우 푸시 샷에서 벗어나기 힘들다. 짧은 클럽을 사용할 때는 그립을 한 후 핸드 포워드하게 되면 클럽 페이스가 열린 상태로 어드레스되어 스윙을 하면서 임팩트 때 클럽 페이스가 열려 방향과 거리 컨트롤이 어렵게 된다.

짧은 클럽은 어드레스 때 볼 위치가 정해지면 클럽의 끝 butt end 을 볼보다 앞쪽으로 위치시켜 놓은 후 그립을 하여 두 손이 볼보다 앞쪽에 있게 되지만 클럽 페이스는 열려 있지 않다는 것이 핸드 포워드 자세와 다른 점이다.

> 불필요한 동작을 많이 할수록 근육이 긴장된다.

잘못 알고 있는 이론 201

백 스윙을 느리게 하라?

'백 스윙을 느리게 하라' 는 이론은 실제로 스윙의 리듬, 스피드, 타이밍을 깨뜨리게 되는 가장 주된 원인으로, 잘못 알려진 이론의 대표적인 예이다. 사람의 몸은 굽히면 일어나려 하고 느리면 다음 동작이 빨라지는 자동적이고 자연적인 특성이 있다.

따라서 백 스윙 전체를 느린 템포로 하게 되면 다운 스윙 스타트 때 빨리 내려오려는 움직임이 생겨, 막상 임팩트 구간에서는 클럽 헤드 스피드를 다 잃어버린 스윙을 하게 되어 그 결과 거리가 나지 않는, 뒤땅 샷이 나오게 된다. 다만 스윙의 테이크 어웨이 부분에서는 클럽을 50~60cm 정도 부드럽게 천천히 가져가야 한다.

너무 느림
> 리듬이 깨짐

너무 빠름
> 저킹

스피드는 자신감이다.

백 스윙 스타트를 너무 빠르게 하면 클럽이 저킹jerking되어 백 스윙 플레인을 가파르게 만들기 때문에 부드럽게 천천히 스타트해서 백 스윙 플레인을 온 플레인on plane으로 만들어야 한다는 말을 잘못 해석하여 백 스윙 전체를 느리게 하라는 뜻으로 받아들인 것이다.

백 스윙 톱으로 클럽이 올라가면서부터 스윙의 템포는 점점 빨라진다. 이렇게 되면 자동적으로 다운 스윙의 시작이 부드러워지고, 임팩트 존으로 가면서 점점 그 속도가 빨라져 임팩트 때에는 최대의 클럽 헤드 스피드를 가질 수 있게 된다.

다운 스윙
> 시작을 부드럽게

백 스윙
> 부드럽게 시작하여 점점 빠르게

코킹이 늦다?

손목의 코킹은 골프 스윙에서의 파워를 내는 근본적인 동작이다. 키가 크고 팔다리가 긴 골퍼들을 제외하고는 백 스윙 때 클럽을 위로 올라가게 하는 첫 동작이 왼 손목의 코킹에 의해 일어나게 된다. 왼손의 그립이 강한 그립으로 잡혀 있으면 백 스윙 때 클럽을 위로 올리는 동작이 손목의 코킹에 의해 자동적으로 일어나게 된다. 약한 왼손 그립을 하게 되면 손등을 돌려 클럽 페이스를 열면서 스윙을 해야만 손목을 코킹할 수 있어 클럽을 위로 올릴 수 있게 된다. 처음부터 이 같은 패닝 동작을 하지 않는 골퍼들은 백 스윙 때 '코킹이 늦다', '코킹을 하지 못한다' 는 말을 듣게 된다.

강한 왼손 그립
> 자동 코킹

백 스윙 때 왼 손목의 코킹은 왼손을 강한 그립으로 함으로써 자동적으로 이루어지는 것이지 일부러 만드는 것이 아니다. 반면 키가 크고 팔다리가 긴 골퍼들은 손목의 코킹이 늦게 일어나야 클럽을 멀리 높게 보낼 수 있다. 스윙 아크의 길이를 이용해 파워를 내야 하는 골퍼들이기 때문에 자동적이고 자연스럽게 그들의 손목 코킹은 늦어질 수밖에 없다. 백 스윙 때 손목의 코킹을 의식적으로 빨리 시도하거나 일부러 만들어 하게 되면 스윙을 망치거나 파워를 내는 근원을 손상시킬 수 있다.

약한 왼손 그립
> 패닝

키 크고 마른 체형
> 코킹 빠르면 안 됨

백 스윙 때 오른팔을 몸에 붙여라?

가슴이 넓고 두꺼우며 오른쪽 어깨의 유연성이 부족하고, 상체가 뚱뚱한 체형의 골퍼는 플라잉 엘보가 당연하다. 오른손이 오른쪽 어깨보다 앞쪽에 위치하고 팔꿈치는 뒤쪽 방향으로 향해야 자연스럽다.

그렇게 되야만 몸통과 두 팔 사이의 공간이 만들어지고 다운 스윙 때 그 공간이 있어 오른쪽 팔꿈치가 오른쪽 겨드랑이에 붙은 채 내려올 수 있는 것이다. 그래서 인사이드 다운 스윙 궤도를 만들 수 있게 되고 또 파워도 낼 수 있다.

반면에 보통 체형의 골퍼나 키가 크고 마른 체형의 골퍼는 오른쪽 팔꿈치의 심한 플라잉 엘보가 파워 손실의 원인이 된다. 하지만 어떠한 체형의 골퍼도 백 스윙 때 오른팔과 겨드랑이 사이에는 공간이 만들어져야 한다. 마치 볼을 멀리 잘 던지기 위해 볼을 쥔 오른손을 뒤로 물리는 것과 같이 백 스윙 때도 오른팔이 몸에서 떨어져야 다운 스윙을 하면서 골프 클럽을 잘 던져줄 수 있는 듯한 자세가 나오게 된다.

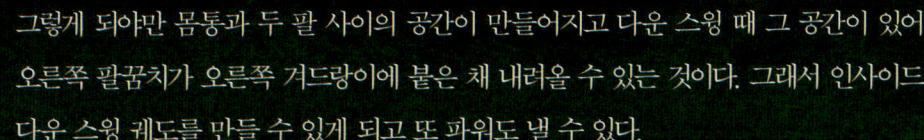

볼을 멀리 던질 때와 같이 백 스윙 때도 오른팔은 몸에서 떨어져야 한다.

백 스윙 때 어깨를 턱 밑에 넣어라?

'친Chin 업하라'라는 말이 백 스윙 때 턱을 들어서 왼쪽 어깨를 그 밑으로 가져간다는 의미로 잘못 받아들여져 왼쪽 어깨가 자연스럽게 볼의 뒤쪽으로 움직이는 대신 턱을 들면서 왼쪽 어깨를 그 턱 밑에 넣으려는 억지스런 움직임이 생기게 된다.

어깨가 회전이 되기는커녕 몸무게가 왼쪽에 그대로 남아 중심축이 왼쪽으로 기울어지는 소위 역피봇 현상까지 생기게 한다. 이렇게 되면 몸에 힘이 들어가 스윙 스피드도 잃게 되고 당연히 거리 손실도 생긴다.

Chin forward:
등을 많이 구부리는 사람이 턱을 살짝 앞으로 내밀면 등이 펴지게 된다.

Chin up:
어깨를 턱 밑에 억지로 넣으려 하면 역피봇 현상이 일어난다.

눈에 거슬리는 동작을 하는 것이 바로 자신의 핸디캡이다.

이 세상의 어떤 투어 선수도 일부러 턱을 들어 왼쪽 어깨를 턱 밑으로 넣으며 백 스윙하지 않는다. 백 스윙 톱에서 왼쪽 어깨의 모양을 살펴보면 턱을 왼쪽 어깨가 감싸고 있는데 타이거 우즈의 백 스윙 모습을 보면 더 잘 알 수 있다. '친 업'이라는 말은 등이 많이 굽어진 자세로 어드레스 된 골퍼들을 위해 '친 포워드 chin forward' 하면 등이 좀 펴질 수 있다라는 말이 잘못 해석되어 전해진 예이다.

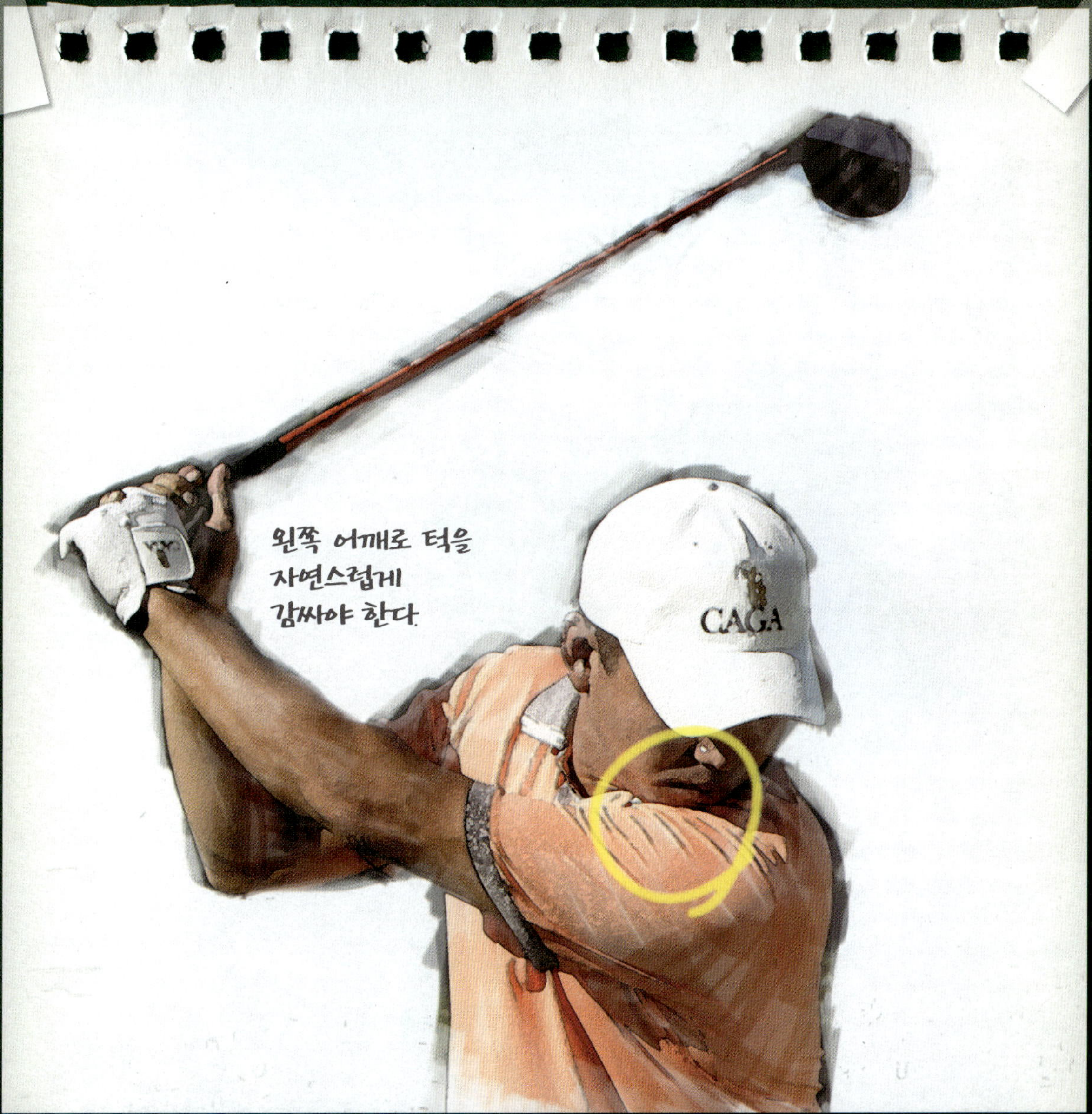

왼쪽 어깨로 턱을 자연스럽게 감싸야 한다.

잘못 알고 있는 이론   209

백 스윙 때 왼팔을 펴라?

백 스윙에서 왼팔이 펴진 자세가 구부러져 있는 자세보다 클럽 헤드의 스피드가 더 빨라지는 것은 사실이다. 그러나 클럽을 위로 올리는 왼손 손목의 힘이 약해서 **왼쪽 팔꿈치가 구부러지는 경우 왼 손목의 힘과 왼팔의 힘을 키우는 운동을 해야 한다.**

억지로 왼팔을 펴려고 하다가는 어깨 회전이 안 될 수 있다.

그런데 이러한 근력을 키우지 않은 상태에서 무조건 왼팔을 펴야 한다는 중압감에서 백스윙하려다 보면 목이 긴장되어 자연스런 어깨 회전을 할 수 없게 되며 상체가 굳으면서 백 스윙 때 중요한 몸통의 꼬임이나 체중 이동이 되지 않아 스윙을 망치게 된다. 왼쪽 팔꿈치가 곧게 펴지지 않는다고 고민하는 프로는 없다. 차라리 왼쪽 팔꿈치의 긴장을 풀고 좀 구부린다 해도 그것을 무시한 채 스윙해 보자. 오히려 백 스윙에서 더 중요한 부분인 왼쪽 어깨 회전과 몸통의 꼬임이 쉽게 이루어져 클럽 헤드의 스피드가 증가하고 거리도 늘어나게 된다.

왼팔의 긴장을 풀고 왼팔 구부러짐에 신경쓰지 않고 스윙하면 어깨 턴과 몸통의 꼬임이 쉽게 이루어진다.

다운 스윙 때 오른팔을 옆구리에 붙여라?

다운 스윙 때 오른팔을 옆구리에 붙여서 내려오게 하면 오른쪽 어깨로 먼저 다운 스윙을 시작하게 되지 않을 뿐 아니라 다운 스윙 스타트 때 클럽이 타깃의 인사이드로 내려오게 된다. 그런데 여기서 오른팔을 옆구리에 붙이는 동작을 너무 강조한 나머지 왼쪽 히프는 이미 턴이 되었는데 클럽이 아직 몸통을 따라 오지 못하는 경우가 있다.
다운 스윙 플레인이 너무 납작해지며 drop inside 임팩트 때 스윙 궤도가 인사이드에서 아웃사이드로 되면 푸시 샷이 나오게 되고 임팩트 때 스윙 궤도가 아웃사이드에서 인사이드로 되면 생크 샷이 유발된다.
오른팔을 몸통에 붙인 채 다운 스윙을 한다는 생각보다는 키가 크고 마른 체형의 골퍼들은 오른손에 볼을 쥐고 볼을 던지기 위한 동작을 연상하고, 보통 체형의 골퍼들은 마치 커튼 줄을 잡아당기는 동작을 연상하고, 또 상체 근육형 골퍼들은 야구 배트로 홈런을 날리는 동작을 연상하며 다운 스윙을 하면서 스윙을 피니시해본다. 이러한 연습을 할 때 비로소 자신의 체형에 맞는 올바른 다운 스윙 플레인과 다운 스윙궤도를 만드는 데 도움이 된다.

오른팔을 옆구리에 붙이려는
생각에 클럽이 히프의 회전을
따라오지 못하는 모습

잘못 알고 있는 이론

두 손은 로테이션되어 있어야 한다?

슬라이스 샷이 자주 발생하는 골퍼나 클럽 헤드 스피드가 느린 골퍼들에게는 두 팔, 두 손의 로테이션을 해서 다운 스윙할 것을 강조한다. 그래서 아마추어 골퍼들은 두 발과 두 다리를 고정하고 왼쪽 히프 턴 없이 두 팔과 두 손의 로테이션만을 하여 클럽이 닫히는 연습한다.

임팩트를 지날 때 두 팔과 두 손의 로테이션을 생각하며 볼을 치게 되면 볼은 탄도가 낮게, 타깃의 왼쪽으로 가게 된다. 다운 스윙 때 두 팔과 두 손의 로테이션은 반드시 왼쪽 히프 턴, 왼쪽 무릎의 턴과 함께 이루어져야 하며 일체감 있게 움직이는 몸 전체 움직임 중의 하나임을 알아야 한다.

팔과 손의 로테이션 동작에 집중하여 스윙하면 일체감 있는 스윙을 하기 힘들다. 특히 팔다리가 짧은 상체 근육형 골퍼들은 팔다리가 길고 마른 체형의 골퍼들보다 두 팔과 손의 로테이션이 적으며 그것보다는 몸통 로테이션이 더 중요한 파워의 원천이 된다.

몸통과 히프의 회전 없이 두 팔과 두 손만 로테이션하는 것은 금물

두 팔, 두 손의 로테이션은
반드시 두 팔, 몸통과 히프와
함께 이루어져야 한다.

머리를 절대 움직이지 마라?

어떠한 운동도 머리를 움직이지 않고 하는 운동은 없다. 머리를 움직이지 않고 골프 스윙을 한다면 체중 이동이 이루어지지 않아 파워, 즉 스피드를 잃게 되는 원인이 될 뿐 아니라 역피봇 현상까지 일어난다.

머리를 움직이지 않고 스윙을 해야지 하며 백 스윙 때 머리가 타깃 방향으로 기울어진다든지 머리, 몸이 오른쪽으로 이동했다가 왼쪽으로 전혀 이동하지 않고 다운 스윙을 계속하면 허리에 부상을 가져오기도 한다.

머리를 움직이지 않고 골프 스윙을 하는 프로는 아무도 없다. 머리가 좌우로 약간씩 움직이는 것은 필수적이며 이미 증명된 사실이다. 그렇다고 머리나 상체를 너무 과장되게 좌우로 움직이면 볼을 일정하게 컨택하기 힘들다.

그래서 '머리를 움직이지 말아야지' 하는 고정관념에 사로잡힌 골퍼든지 머리를 좌우, 위아래로 너무 많이 움직이는 골퍼들은 스윙을 하면서 머리에 생각을 집중하지 말고 몸통 회전의 중심점 sternum을 중심으로 상체를 회전하는 상상을 하며 스윙을 해본다.

또는 내가 큰 통 안에서 통이 쓰러져 넘어지지 않게 몸통을 회전하며 스윙하는 모습을 상상하면서 연습해본다. 머리를 너무 고정하려는 골퍼들에게나 머리를 과도하게 많이 움직이는 골퍼들에게는 좋은 연습이 될 것이다.

큰 통 안에서 스윙하는 모습을 상상해보자

Chapter 8
문제의 샷 즉석에서 해결하기

> 몸이 생긴 대로 몸의 능력대로 나오는 스윙을 해도 샷의 방향이나 거리를 걱정하지 않으려면 왼손을 하이 스피드 그립해야 한다.

슬라이스 샷 slice shot

티 샷하는 위치를 바꾸면 샷의 구질도 바꿀 수 있다

타깃의 오른쪽에서 출발하여 결국 타깃의 왼쪽으로 휘어져 떨어지는 볼, 즉 훅 샷의 스윙을 하는 사람은 인사이드에서 아웃사이드의 스윙 궤도를 완화해 줘야 한다. 이를 위해 티잉 그라운드 오른쪽 티 마커 쪽에서 목표 방향보다 몸의 에임을 더 왼쪽으로 하고 티 샷을 해 보자.

슬라이스 샷을 많이 하는 사람은 티잉 그라운드 왼쪽에 서서 오른쪽 방향으로 에임한다.

그러면 인사이드에서 아웃사이드로의 스윙 궤도가 많이 완화될 뿐 아니라 볼이 왼쪽에서 오른쪽으로의 스핀을 갖게 되어 페어웨이 중앙에 안착시킬 수 있는 페이드 샷을 할 수 있다.

또 볼이 타깃의 왼쪽에서 시작하여 타깃의 오른쪽으로 휘어져 떨어지는 악성 슬라이스 샷을 하는 사람은 티잉 그라운드 왼쪽 티 마커 쪽에서 목표 방향보다 몸의 에임을 더 오른쪽으로 하고 스윙하면 스윙 궤도를 인사이드에서 아웃사이드로 변화시킬 수 있다. 그래서 볼에 오른쪽에서 왼쪽으로의 스핀을 갖게 만들어 드로우 샷을 할 수 있게 된다.

훅 샷을 많이 하는 사람은 티잉 그라운드 오른쪽에 서서 왼쪽 방향으로 에임한다.

아마추어 골퍼의 슬라이스 샷을 고치는 방법

대부분의 아마추어 골퍼들은 긴 클럽을 사용할 때 볼의 방향이 타깃의 오른쪽으로 가기 쉽다. 그래서 티 샷을 하는 경우 티잉 그라운드의 오른쪽 티 마커 가까이에서 타깃의 왼쪽을 바라보고 왼쪽으로 볼이 날아갈 것을 기대하며 샷을 한다. 하지만 이때 다운 스윙의 궤도가 아웃사이드에서 인사이드로 되고 임팩트 순간 클럽 페이스가 닫히면 곧장 왼쪽으로 가는 샷(풀 샷), 열리면 심한 슬라이스 샷을 하게 된다.

오히려 티 마커의 왼쪽에 티를 꽂고 샷을 하게 되면 다운 스윙 궤도를 인사이드에서 아웃사이드로 만들 수 있게 되어 볼이 타깃의 오른쪽 방향으로 날아가기 시작한다.

이때 왼손을 스트롱 그립으로 잡으면 볼에 왼쪽으로의 스핀이 생겨 결국 타깃 방향으로 떨어지는 드로우 샷을 하게 된다.

아마추어 골퍼들은 왼쪽 티 마커 가까이 서서 왼손을 스트롱 그립으로 잡고 티 샷하면 거리가 많이 나는 드로우 샷을 할 수 있다.

문제의 샷 즉석에서 해결하기

슬라이스 샷에서 드로우 샷으로 바꾸는 방법

아웃사이드에서 인사이드로의 스윙 궤도로 스윙을 하며 슬라이스성 샷을 연거푸 하는 골퍼들에게 드로우성 볼을 칠 수 있는 연습 방법을 소개한다.

첫째, 몸 전체를 타깃보다 오른쪽으로 돌려서 정렬한다. 즉, 타깃 방향에 평행하게 만들어진 왼발, 왼쪽 어깨를 5~10cm 앞으로 내밀어줌으로써 몸을 타깃 방향의 오른쪽으로 클로즈시킨다. 볼이 더 오른쪽으로 가면 어떡하나 걱정하지 말고 다운 스윙 궤도를 타깃의 인사이드에서 아웃사이드로 해야만 볼의 스핀을 오른쪽에서 왼쪽으로 돌릴 수 있다는 확신을 갖고 방향 설정을 과감히 오른쪽으로 한다.

둘째, 볼을 오른발 쪽으로 옮기되 다소 과장해서 10cm 정도 오른발 쪽으로 옮겨 놓아야 한다. 볼 위치가 너무 왼발 쪽으로 치우쳐 있어도 슬라이스형 스윙으로 변하기 때문이다. 이 두 가지 내용은 인사이드에서 아웃사이드로의 스윙 궤도를 만들어 주는 데 필수적인 것들이다.

셋째, 클럽 페이스는 타깃 방향에 직각으로 만들어 놓고 왼손을 스트롱 그립으로 잡아 왼팔 로테이션을 도와주어야 한다. 1cm 정도만 왼 손등을 시계 방향으로 돌려 스트롱 그립을 해도 30야드(27m) 정도 오른쪽으로 가는 샷을 막을 수 있다.

아웃사이드에서 인사이드 궤도로 스윙을 하고 임팩트 때 클럽 페이스가 열리며 슬라이스 스윙을 하는 골퍼들이 연습장에서 스윙을 교정하기 위한 가장 좋은 연습 방법이다. 그런데 이러한 내용들을 골프 코스에서 시도하는 것은 금물이다. 연습장에서 연습을 하여 슬라이스성 스윙을 하는 근육 메모리를 고쳐 스윙이 교정되면 골프 코스에서는 아무 생각 없이 스윙하도록 한다.

그런데 여전히 골프 코스에서 슬라이스 샷이 나오면 어드레스 때 클럽 페이스를 타깃의 왼쪽으로 약간 닫히게 해놓고 그립한 후 볼을 쳐보라.

3. 왼손을 스트롱 그립으로 한다.

1. 몸을 타깃보다 오른쪽으로 에임한다.

2. 볼을 오른발 쪽으로 옮긴다.

문제의 샷 즉석에서 해결하기   225

훅 샷 hook shot

훅 샷의 대부분은 그립과 에임이 원인이다

볼이 처음에는 타깃의 오른쪽 방향으로 날아가다 결국 왼쪽으로의 스핀 때문에 타깃의 왼쪽으로 날아가는 샷, 즉 훅 샷의 원인 가운데 80%는 오른손을 스트롱 그립하고 몸의 정렬이 타깃 방향보다 너무 오른쪽으로 치우쳐 다운 스윙 궤도가 심하게 인사이드에서 아웃사이드의 형태가 된 경우이다.

첫째, 그립을 점검해 보자. 훅 샷을 하는 골퍼 대부분은 오른손 그립이 잘못되어 있다. 즉 오른 손바닥이 하늘을 향하도록 클럽을 쥐고 있어, 임팩트 때 오른손으로 클럽 페이스를 빠르게 로테이션하거나 또는 클럽 페이스를 너무 일찍 닫히게 한다. 그러면 볼의 탄도가 낮아지면서 타깃의 왼쪽으로 날아간다.

이러한 골퍼들의 그립 잡은 손을 내려다 보면 오른손 집게손가락 두 번째 뼈마디가 샤프트 밑부분에 위치하고 있다. 오른 손바닥이 타깃과 서로 마주 보게 하여 오른손을 클럽에 가져다 대고 집게손가락과 중지 사이를 띄워 주어 집게손가락의 두 번째 뼈마디가 클럽 샤프트 오른쪽에 위치하게끔 오른손 그립을 고쳐 주어야 한다.

둘째, 몸의 정렬이 타깃 방향의 오른쪽으로 치우치지 않도록 왼발을 오른발보다 뒤로 물려 놓는다. 인사이드에서 아웃사이드 스윙 궤도를 완화시키기 위함이다. 이때 클럽 페이스는 타깃 방향과 직각으로 놓아야 한다.

아마추어들의 훅 샷을 고치는 방법

훅 샷은 인사이드에서 아웃사이드로의 스윙 궤도가 되면서 왼팔의 로테이션이 빠르게 일어나 임팩트 순간에 클럽 페이스가 스윙 궤도에 4~6° 정도 닫힐 때 나온다. 그러나 이와 같은 이유 때문에 훅 샷이 일어나는 아마추어 골퍼는 찾기 힘들다.

대부분 아마추어 골퍼들이 말하는 '훅 샷은 볼의 방향이 타깃의 오른쪽 방향에서 시작하여 왼쪽으로 날아가는 푸시 훅 샷이 아니라 곧장 타깃의 왼쪽으로 가는 샷(풀 샷), 곧장 왼쪽으로 가다가 왼쪽으로 심하게 휘어지는 샷(풀 훅 샷), 또는 타깃을 향하여 가다가 끝이 왼쪽으로 휘어지는 샷 등을 말한다.

이러한 샷들은 대부분 스윙 스피드에 비해 샤프트 강도가 너무 강하거나 로프트가 너무 작은 클럽(7˚, 8˚, 9˚)을 사용할 때 일어난다. 샤프트가 강하면 백 스윙 톱에서 상체가 덮어 치듯 다운 스윙이 돼 over the top 클럽이 닫히며 풀 샷, 풀 훅 샷이 된다.

또 로프트가 작은 클럽은 볼이 잘 뜨지 않을까 하는 생각에 클럽을 자꾸 들어 올리는 동작을 하게 된다. 결국 클럽, 두 손, 두 팔의 로테이션은 안 되고 몸통만으로 휘감아 돌려 치기 때문에 클럽이 닫혀 볼은 뜨지 않고 왼쪽으로 가는 샷이 나온다. 로프트가 충분하고 샤프트 강도가 좀 더 부드러운 클럽을 사용하면 이런 현상을 막을 수 있다.

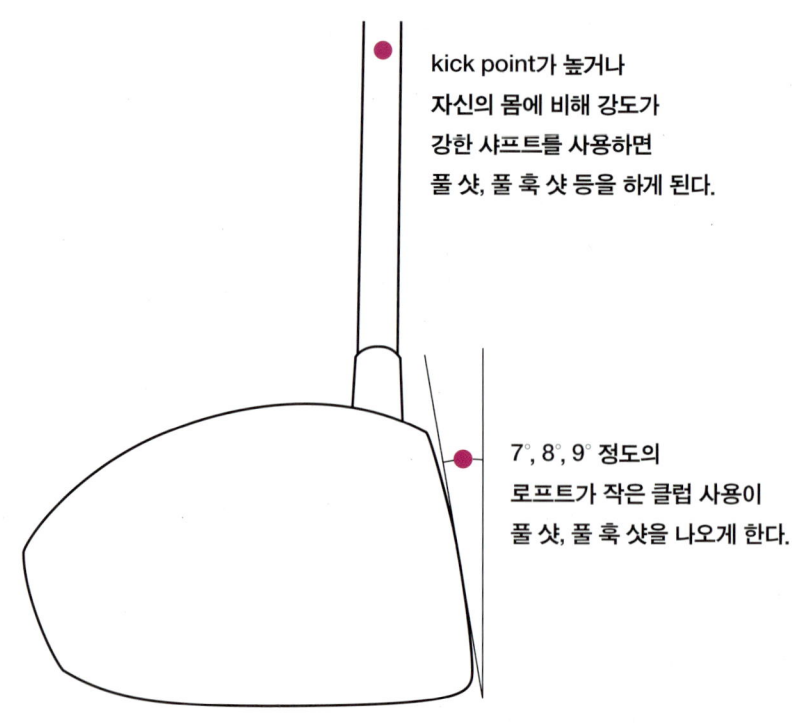

kick point가 높거나 자신의 몸에 비해 강도가 강한 샤프트를 사용하면 풀 샷, 풀 훅 샷 등을 하게 된다.

7˚, 8˚, 9˚ 정도의 로프트가 작은 클럽 사용이 풀 샷, 풀 훅 샷을 나오게 한다.

아마추어 골퍼들이 로프트가 작은 클럽, 또는 샤프트의 강도가 너무 강한 클럽을 사용하게 되면 볼을 띄우려고 클럽을 들어올리거나 몸통만으로 휘감아 돌려치게 돼 왼쪽으로 가는 샷이 나온다.

> 스피드가 있다는 것은 급한 것이 아니라 빠른 것이다.

뒤땅 샷

뒤땅 샷에서 벗어나는 세 가지 방법

첫째, 백 스윙 톱에서 다운 스윙을 스타트하면서 손목의 코킹을 일찍 풀어버리거나 임팩트 존에 오기 전에 손목의 코킹이 다 풀어져 클럽 헤드가 손보다 먼저 나가며 뒤땅 샷을 하는 경우다. 이러한 경우에는 다운 스윙 스타트 때 왼쪽 히프로 리드하여 클럽을 잡은 두 손과 클럽의 끝butt end이 천천히 공을 향해 내려오는 동작을 반복 연습해야 한다.

둘째, 왼손을 너무 약한 그립으로 잡거나 신체적으로 왼 손목의 힘이 약하고 팔에 힘이 없는 골퍼들은 백 스윙 때 손목의 코킹이나 팔의 힘에 의해 클럽을 위로 들어올리지 못하고 팔꿈치를 구부려 클럽을 들어올리려 한다. 이러한 경우 뒤땅 샷을 하게 된다.

손목의 코킹을 일찍 풀어버리는 경우

손목과 팔의 근력과 유연성을 증가시키는 운동을 하여 팔꿈치가 펴지고 손목의 코킹이 쉽게 이루어질 수 있도록 해야 한다. 또, 당장 왼손을 스트롱 그립으로 잡으면 두 손과 두 팔을 돌리지 않아도 손목의 코킹이 자동적으로 이루어져 클럽을 위로 올리는 데 힘이 들지 않게 되고 왼팔 구부러짐 또한 많이 완화된다.

셋째, 뒤땅 샷을 자주 하는 골퍼들 중 대부분은 백 스윙과 다운 스윙을 연결해 주는 연결고리 부분에 리듬이 없기 때문이다. 백 스윙 톱에서 다운 스윙으로 전환이 되는 부분이 부드럽게 연결되지 못한다. 백 스윙 톱에서 다운 스윙 스타트 부분을 부드럽게 하는 연습을 하면 다운 스윙을 하면서 클럽 헤드가 임팩트까지 다다르는 시간과 임팩트 타이밍을 늦춤으로써 뒤땅 샷에서 벗어날 수 있다.

힘이 약해 팔꿈치를 구부려 클럽을 들어올리려는 경우

백 스윙 톱에서 다운 스윙 스타트의 연결이 부드럽게 이어지면 뒤땅 샷에서 벗어날 수 있다.

백 스윙보다 피니시에 주력해라

백 스윙을 천천히, 느리게 하라는 주문 때문에 많은 골퍼들이 뒤땅 샷에서 벗어나기 힘들다. 백 스윙의 스타트 즉, 테이크 어웨이 때 너무 급격히 클럽을 들어올리는 골퍼들을 위해 천천히, 부드럽게 시작하라는 말을 백 스윙 전체를 느리게 하라는 말로 잘못 받아들여 클럽이 위로 올라가면서도 스윙의 리듬을 갖지 못하고 계속 느리게 올리는 경우, 또 어드레스 때 몸을 이리저리 움직이며 스윙 테크닉에 대한 생각을 골똘히 해서 백 스윙 전체 템포를 느리게 만드는 경우가 있다. 이는 모두 백 스윙의 리듬을 잃고 특히 다운 스윙의 스타트를 부드럽게 할 수 없게 돼 전체 스윙의 리듬을 깨뜨리게 된다.

이렇게 되면 임팩트 타이밍이 짧아지며 뒤땅 샷에서 벗어나지 못하게 돼 폴로스루나 피니시도 올바로 되지 않는다. 힘이 상실된 채 임팩트를 지나며 스윙에 가속도가 붙지 않기 때문이다.

이를 해결하려면 백 스윙에 집중하지 말고 자신과 체형이 비슷한 프로골퍼(타이거 우즈, 최경주, 로레나 오초아, 애니카 소렌스탐, 박세리 등)가 태평양 바닷가 앞에서 클럽을 마치 바닷가에 던져 버릴 듯 다운 스윙하여 피니시하는 모습을 상상하며 멋지게 스윙을 해보라. 뒤땅 샷이 사라짐은 물론 임팩트 타이밍이 늦춰지고 임팩트 때 한결 스피드가 붙는 느낌이 들 것이다.

토핑 샷 topping shot

토핑 샷을 고치는 방법

볼이 하늘 높이 날아가는 모습을 본 후 골프를 처음 배우기 시작하는 골퍼들은 볼을 띄워서 날려 보내겠다는 생각에 토핑 샷을 하게 된다. 하지만 볼을 날아가게 하는 것은 내 마음이나 몸이 아니라 클럽의 헤드가 해주는 일이다. 볼이 지면에 있으므로 일단 클럽 헤드를 볼이 있는 지면까지 내려주어야 클럽 헤드가 일을 할 수 있는 기회를 갖게 된다. 볼에서 30~40cm 뒤에 헤드 커버를 놓고 숏 아이언으로 헤드 커버를 건드리지 않으면서 볼을 치는 연습을 한다. 다운 스윙 때 헤드 커버를 치면 볼을 퍼올리는 동작을 했다는 증거다.

헤드 커버를 건드리는 것은 퍼올리는 동작을 하는 증거

다른 방법으로, 클럽 헤드를 지면에서 띄운 채 볼의 절반 윗부분 위치에 어드레스를 해보자. 그러면 다운 스윙을 해서 임팩트를 지나며 클럽 헤드를 지면에 떨어뜨리게 되어 토핑 샷을 막을 수 있다. 또는 볼에서 3~4cm 뒤 지면에 클럽 헤드를 가져다 대고 어드레스하여 스윙에 대한 생각 swing thought 없이 백 스윙을 하고 다운 스윙할 때는 볼을 보지 말고 볼에서 3~5cm 뒤 지면을 보고 그 지면에 클럽을 떨어뜨리는 상상을 하며 공을 치는 연습을 한다. 이때 백 스윙을 하면서 생각을 골똘히 하거나, 다운 스윙을 서둘러서는 안 된다.

볼을 보는 것에 너무 집착하면 클럽 헤드를 지면에 떨어뜨릴 수 없다. 정지된 볼을 보면 공중으로 날려야 한다는 '의지'가 클럽이 일을 해서 볼을 공중으로 날리게 하는 '근육의 기억'보다 더 강하기 때문에 볼을 클럽 헤드로 퍼올리는 동작이 나오게 된다. 클럽을 지면에 떨어뜨리는 스윙 연습을 반복해 근육이 기억하도록 한다.

어드레스 때 클럽 헤드를 볼의 절반 윗부분 위치에 놓고 스윙해보자.

어드레스 때 클럽 헤드를 볼에서 3~4cm 뒤 지면에 놓고 스윙해보자.

볼을 보는 것에 너무 집착하면 클럽 헤드를 지면에 떨어뜨릴 수 없다.

드라이버 토핑 샷은 볼의 15~20㎝ 뒤에 클럽을 떨어뜨려야

드라이버 샷을 할 때 볼 위치를 왼발에 가깝게 두면 클럽이 스윙 아크 최저점을 지나 서서히 올라가며 볼을 치기 때문에 U자 모양의 어센딩 블로 스윙이 된다고 생각한다. 그러나 실제는 ⌣ 모양의 어센딩 블로 스윙이 되어야 한다. U자 모양의 어센딩 블로 스윙으로 생각하고 클럽을 들어올려 클럽 페이스 밑부분으로 볼을 치는 동작이 되어 볼이 뜨지 않는 토핑 샷을 하는 것이다.

클럽 헤드가 임팩트 전 스윙 아크 최저점을 지나 아주 아주 조금씩 올라가면서 클럽 페이스의 정중앙 sweet spot에 볼이 맞아야 한다. 이렇게 하기 위해서는 다운 스윙을 할 때, 볼이 있는 위치에서 오른쪽으로 15~20㎝ 뒤 지면에 클럽 헤드를 떨어뜨린다고 상상하며 스윙해 보자. 다운 스윙 궤도가 인사이드로 되면서 임팩트 때 클럽 페이스의 정중앙 sweet spot에 볼이 맞게 되는 것을 알 수 있다. 그런데 여기서 주의할 것은, 백 스윙 때 이러한 생각을 하면서 스윙을 하면 공 뒤의 땅을 치는 소위 뒤땅 샷을 하게 된다는 것이다.

스윙 아크의 최저점

찍어 치되 폴로스루한다는 생각을

토핑 샷을 줄이는 연습을 해보자. 우선 볼의 위치를 1~2㎝ 정도 오른발 쪽으로 옮겨 놓고 몸무게를 왼발 쪽에 10~20% 정도 더 실리도록 셋업한다. 다운 스윙하면서 볼을 보지 말고 볼의 위치에서 오른쪽으로 3~5㎝ 뒤 지면을 보면서 스윙한다. 볼을 걷어 올리는 스윙보다는 지면을 찍어 주는 스윙 down blow, decending blow 을 해야 하기 때문이다. 이때 지면을 찍어 주고 나가며 폴로스루하는 상상을 한다. 결론적으로 다운 스윙을 할 때 볼의 뒤땅을 찍어 친다는 느낌을 갖고, '폴로스루를 해야지' 하는 상상을 하면 견고한 샷을 할 수 있다는 것이다. 즉 다운 스윙을 할 때 볼 뒤의 지면을 찍어 친다는 느낌은 토핑 샷을 막아 주며 폴로스루 상상을 하면 뒤땅 샷을 하지 않게 된다.

다운 스윙을 하면서 지면을 찍어 치는 느낌과 폴로스루하는 상상을 해보자.

볼은 1~2cm 정도 오른쪽으로 옮기고 몸무게는 왼발에 10% 정도 더 싣는다.

생크 샷 shank shot

생크 샷을 고치는 방법

생크 샷이란 볼이 클럽의 호젤(헤드와 샤프트가 만나는 부분) 근처에 맞으면서 공중으로 떠오르지 못하고 곧장 오른쪽으로 날아가는 미스 샷이다. 스윙상의 여러 원인이 있지만 스윙 준비 pre-swing 과정 중 셋업하면서 몸과 볼 사이의 간격을 너무 가깝게 어드레스하거나 다운 스윙을 하면서 몸무게가 너무 발가락 앞쪽으로 쏠리며 클럽의 호젤 부분으로 볼을 치게 되는 경우이다.

이 경우 볼 2개를 세로로 약 10~15cm 간격으로 벌려놓고 클럽 페이스를 몸에서 먼 쪽의 볼 뒤에 가져다 댄 후 어드레스한다. 다운 스윙과 임팩트 때는 몸에서 가까운 쪽의 볼을 친다. 차차 두 볼 사이의 간격을 줄여서 위치시켜도 위쪽에 있는 볼을 건드리지 않고 칠 수 있어야 한다. 또는 헤드 커버를 볼의 위쪽 지면에 놓고 다운 스윙 때 헤드 커버를 건드리지 않고 스윙하는 연습을 한다.

클럽을 먼 쪽의 볼에 가져다 대놓고, / 가까운 쪽의 볼을 친다.

스윙 때 몸의 움직임을 생각하면
클럽과 몸의 일체감이 깨진다.
볼을 중심으로 생각해야
일체감이 생긴다.

볼 위쪽에 헤드 커버를 놓고
건드리지 않고 스윙하는 연습

인사이드 샷을 너무 강조하면 생크 샷이 나온다

다운 스윙 스타트 때 스윙 플레인이 플랫해지는 drop inside 동작을 하고 아웃사이드에서 인사이드로의 스윙 궤도가 되면 여지 없이 생크 샷이 난다. 또는 테이크 어웨이 때 두 손을 돌려 fanning 클럽 페이스를 오픈시키며 클럽을 아주 플랫한 플레인으로 만들어 백 스윙하고 다운 스윙 스타트 때 플레인이 너무 인사이드 drop inside 로 될 경우 클럽 헤드가 몸 뒤쪽에서 쫓아오면서 임팩트 때 클럽의 호젤 쪽에 볼이 맞아 생크 샷이 된다.

납작한 백 스윙 플레인과 다운 스윙 스타트 때 플레인이 드롭 인사이드 drop inside 될 때 생크 샷이 난다.

다운 스윙 스타트 때 플레인이 드롭 인사이드 drop inside 로 되고 임팩트 때 아웃사이드에서 인사이드로의 다운 스윙 궤도가 될 때 생크 샷이 난다.

이 모든 경우의 치료법은 백 스윙 플레인과 다운 스윙 플레인을 올바르게 만드는 연습을 해야 하는 것이다. 백 스윙 플레인을 너무 플랫하지 않게 테이크 어웨이에서 백 스윙 톱까지 스윙을 3단계로 나누어 연습하고 다운 스윙 스타트 때는 플레인이 너무 플랫해지지 않게 클럽의 끝butt end이 볼을 향해 내려오는 연습을 해야 한다.

백 스윙 플레인을 올바로 만드는 방법

1. 어드레스
2. 두 손이 허리에 올 때까지 클럽 샤프트 면을 따라 테이크 어웨이한다.
3. 허리에서 왼 손목을 코킹해 클럽을 위로 올려 백 스윙의 3/4 위치가 되면 클럽이 오른쪽 어깨와 팔꿈치 사이에 위치하게 하고 클럽의 끝이 공을 향하게 한다.
4. 백 스윙 톱으로 가면 왼팔이 어드레스 때의 클럽 샤프트와 평행하게 하여 오른쪽 어깨를 가리도록 한다.

다운 스윙 플레인을 올바로 만드는 방법

다운 스윙을 하면서 두 손과 클럽의 끝이 서서히 공을 향해 내려오는 스윙을 하면서 두 손이 오른쪽 허리에 위치하게 될 때 실제로 클럽의 끝이 공을 향하게 하는 연습을 한다.

백 스윙을 3단계로 나누어 연습해 보자.

웨지 클럽의 생크 샷을 막는 방법

짧은 웨지 클럽을 사용할 때 백 스윙을 너무 인사이드로 해 낮고 플랫한 플레인을 만들고 다운 스윙 스타트를 역시 인사이드 플레인drop inside으로 스윙할 때는 십중팔구 생크가 난다. 골프 코스에서 생크 샷을 내면 함께 라운드하는 동료에게도 전염된다. 이때 왼발을 좀더 오픈하고 볼의 위치를 평소보다 볼 하나 정도 왼발 쪽으로 이동시킨다. 이렇게 자세를 취하면 백 스윙 스타트를 타깃 라인을 따라 할 수 있게 되고 플레인도 약간 가파르게 만들 수 있을 뿐 아니라 다운 스윙 스타트 때 플레인이 너무 플랫해지는 drop inside 것을 막는다. 이러한 방법으로 충분히 연습을 못한 상황에서 골프 코스에서 당장 실시할 수 있는 생크 샷에 대한 대책법은 클럽 페이스를 타깃 방향에 많이 닫아 놓고 그립하여 스윙하면 생크 샷을 바로 막을 수 있다.

왼발을 좀더 오픈하고
볼을 왼발 쪽으로 더 이동시킨다.

롱 클럽의 생크 샷을 막는 방법

롱 클럽을 사용할 때 볼을 너무 왼발 가까이에 놓으면 다운 스윙을 하면서 몸이 타깃 방향으로 측면 이동을 많이 하게 된다. 이때 몸이 볼보다 앞쪽으로 가면서 클럽 헤드와 두 손과 두 팔이 뒤쫓아 오게 된다. 임팩트 존에 오면서 공을 가격하기 위해 클럽 헤드가 타깃의 아웃사이드에서 인사이드의 스윙 궤도로 나갈 때 생크 샷이 난다.

우선 볼을 스탠스의 오른쪽 방향으로 볼을 옮겨놓고 백 스윙 스타트를 천천히 부드럽게 한다. 다운 스윙을 하면서 내 몸이 큰 통 안에 있다고 가정하고 통을 옆으로, 즉 타깃 방향으로 넘어뜨리지 않도록 스윙해 나가는 상상을 한다. 골프 코스에서는 클럽 페이스를 타깃 방향에 닿아 놓고 그립하여 스윙하면 생크 샷을 막는 데 도움이 된다.

스카이 샷 sky shot

스카이 샷을 고치는 방법

스카이 샷이란 클럽 헤드가 지면을 먼저 가격하고 공에 다가가서는 클럽 페이스의 윗부분에 공이 맞아 클럽 페이스의 로프트가 커지며 공이 처음부터 곧장 위로 떠서 거리가 많이 나지 않는 일종의 뒤땅 샷이다. 특히 드라이버 클럽의 스카이 샷 치료법을 소개한다.

볼의 30~50cm 정도 뒤에 티를 꽂아 놓고 볼 뒤에 클럽을 대고 어드레스한 뒤, 테이크 어웨이할 때 빗자루로 지면을 쓸 듯 클럽을 뒤로 움직여 티를 쓰러뜨리며 백 스윙 연습을 하면 치유될 수 있다. 또, 백 스윙을 반쯤 한 상태에서 멈추고 그 자리에 클럽 헤드를 지면에 내려놓고 그대로 지면을 쓸면서 볼을 지나 폴로스루, 피니시하는 연습을 한다. 왼쪽 발이 높은 업힐 uphill 지형에서 스윙 연습을 해도 좋다.

클럽으로 빗자루처럼 지면을 쓸 듯 뒤로 움직여 티를 쓰러뜨리며 백 스윙하는 연습

백 스윙을 반쯤 한 상태에서 클럽 헤드를 땅에 내려 지면을 쓸면서 볼을 지나는 연습

드라이버의 로프트가 커서 볼이 뜨는 것이 아니다

볼이 뜬다고 로프트가 작은 드라이버로 계속 바꾼다는 것은 우매한 일이며 오히려 로프트가 큰 클럽으로 바꾸면, 스윙이 교정되며 적당한 탄도와 파워가 실린 볼을 칠 수 있게 된다. 드라이버의 뒤땅 샷은 볼이 드라이버 클럽 페이스의 윗쪽 부분을 치게 되어 클럽 페이스가 뒤쪽으로 젖혀지며 로프트가 커져서 볼이 곧장 위로 솟으며 높게 뜨는 스카이 샷을 만든다. 백 스윙을 너무 신중하게 하거나, 어드레스 때 스윙 생각을 하며 오래 서 있어 근육에 긴장이 초래됨으로써 만들어지는 샷이다.

백 스윙은 가볍고 부드럽게 하면서 템포를 좀 빠르게 한다.

백 스윙을 가볍고 부드럽게 하면서도 템포를 좀 빠르게 하여 스윙하고 다운 스윙의 스타트는 부드럽고 약간 느린 템포로 하여 임팩트까지 파워를 축적하여 갈 수 있게 스윙한다. 이때 백 스윙의 스타트는 부드럽게 하지만 점점 빠른 스피드로 백 스윙 톱에 도달해야 한다. 백 스윙 톱으로 가면서도 백 스윙 템포가 계속 느리면 스카이 샷을 멈추기 힘들다.

다운 스윙 스타트는 부드럽고 약간 느린 템포로

임팩트를 지나며 최대의 스피드가 난다.

타깃의 오른쪽에 떨어지는 샷

샷은 견고하지만 방향성이 좋지 않아 타깃의 오른쪽에 떨어지는 샷 즉, 푸시 샷이나 슬라이스 샷, 푸시 슬라이스 샷, 또는 처음엔 타깃을 향해 가다가 끝에서 오른쪽으로 휘는 샷을 하게 됐을 때는 어떻게 치료해야 하는지 알아보자. 우선, 왼손 그립이 약한 그립이나 중성 그립이면 강한 그립으로 바꾸어야 한다.

왼손을 스트롱 그립으로 바꾸어도 여전히 볼이 타깃의 오른쪽에 떨어질 때는 볼 위치를 볼 하나 간격만큼 왼발 쪽으로 셋업하고, 클럽 샤프트 끝$^{butt\ end}$, 즉 그립 끝의 위치를 타깃에서 반대 방향인 볼 뒤쪽에 놓이도록 해야 한다. 대부분 타깃의 오른쪽에 떨어지는 샷은 클럽 끝을 볼보다 앞쪽에 위치시킬 때 일어나기 때문이다. 이때 클럽 페이스를 타깃 라인에 직각으로 만들고 클럽 끝을 움직여 볼보다 약간 뒤쪽에 위치하게 한 다음 그립을 해야 하는 것이 주의할 점이다.

> 골프는 스포츠이다.
> 스포츠란 가장 본능적인 움직임을 할 때
> 가장 빠른 스피드를 갖게 되는 운동이다.
> "이렇게 해라 저렇게 해라" 해서 자신의 체형이나
> 신체 구조, 유연성에 맞지 않는, 본능을 깨트린
> 스윙을 할 때 스피드는 사라지게 된다.

클럽 끝의 위치와 두 손의 위치를 주의해라.

긴 클럽 사용 때 타깃의 왼쪽으로 가는 샷

요즘에는 슬라이스 샷이 심한 아마추어 골퍼들을 위해서 클럽 헤드에 샤프트를 부착시킬 때 아예 클럽 페이스가 닫히도록 제작하여 판매한다. 그런데 아마추어들이 아웃사이드에서 인사이드로의 스윙 궤도로 스윙을 하는 것은 예전이나 지금이나 변화가 없다. 그래서 예전엔 임팩트 때 클럽 페이스가 열리며 슬라이스 샷을 많이 했지만 그러한 클럽의 변화로 최근에는 타깃의 왼쪽으로 가는 풀 샷, 풀 훅 샷, 처음엔 타깃을 향해 날아가다가 끝에서 왼쪽으로 휘는 샷이 많이 나온다.

이렇게 인사이드에서 아웃사이드의 스윙 궤도를 만들지 못하며 볼이 타깃의 왼쪽으로 가는 샷을 할 때, 왼발을 오른발보다 앞쪽으로 내밀어 클로즈 스탠스를 취하고 샷을 해 보자. 그래도 왼쪽으로 볼이 간다면 오른손 그립이 너무 과도하게 강한 그립이기 때문이다. 오른손을 중성 그립 내지 약한 그립으로 바꾸면 타깃의 왼쪽에 떨어지는 샷을 막을 수 있다.

왼발이 오른발보다 앞으로 나와 있는 스탠스를 취하면 볼의 처음 방향이 왼쪽으로 가지 않는다.

짧은 클럽 사용 때 타깃의 왼쪽으로 가는 샷

짧은 클럽으로 스윙을 하면 긴 클럽보다 클럽 로테이션과 몸의 회전력이 더 빨라진다. 그래서 짧은 클럽을 사용해 스윙할 때는 볼이 타깃의 왼쪽으로 가는 것이 일반적이다. 이렇게 왼쪽으로 가는 샷을 막기 위해서는 우선 오른손의 그립을 너무 강하게 잡지 않았나 확인하고 오른손 그립을 중성 그립 내지 약한 그립으로 바꾸어야 한다.

오른손 그립을 바꾸었는데도 볼이 왼쪽으로 향할 때는 볼의 위치를 볼 한두 개 간격만큼 오른쪽으로 옮긴다. 그리고 클럽 페이스를 타깃 라인에 직각으로 하고 난 다음 클럽 샤프트의 끝, 즉 그립 끝의 위치를 왼쪽으로 옮기고 난 후에 그립하고 샷을 해보자.

Chapter 9

돌발 상황 대처법

간결한 동작이 근육을 이완시킬 수 있고 어려움을 극복하게 한다.

볼이 발보다 높게 위치한 경우 uphill sidehill lie

볼이 발보다 높게 위치되어 있는 경우를 '업힐 사이드힐uphill sidehill'에 있다고 한다. 이런 경우에는 어깨, 히프, 발선을 타깃 라인에 평행하게 어드레스한다. 클럽은 짧게 잡고 몸을 곧추세워 셋업하며 몸무게는 발 앞쪽에 배분한다.

이런 지형에서 볼이 왼쪽 방향으로 가는 이유는 지형 자체로 인해 임팩트 때 클럽의 라이 각도가 업라이트해지기 때문이다. 즉, 클럽의 토가 들리고 힐은 지면에 닿으면서 볼이 맞기 때문이다. 로프트가 큰 클럽(sw, aw, pw, 9i, 8i)일수록 임팩트 때의 라이 각도가 더욱 업라이트해져 볼은 심하게 왼쪽으로 가게 된다. 그래서 많은 골퍼들이 로프트가 큰, 짧은 클럽을 사용할 때 에임을 타깃 방향의 오른쪽으로 한다. 이때 자칫 짧은 클럽으로 훅성 스윙을 하게 되면 볼이 더 많이 타깃보다 왼쪽에 떨어지게 된다. 에임을 타깃 방향의 오른쪽으로 하지 말고 단지 공의 위치를 오른발쪽으로 옮기고 클럽 끝butt end을 좀더 왼쪽, 즉 타깃 쪽으로 위치시켜놓고 그립하여 스윙하면 볼이 왼쪽으로 가지 않는다.

하지만 로프트가 작은 클럽(3i, 4i, 5i, 3w, 5w)은 임팩트 때 라이 각도가 그다지 업라이트해지지 않기 때문에 왼쪽으로 가지 않는다. 그런데 많은 골퍼들이 로프트가 작은 클럽을 사용할 때 타깃 방향의 오른쪽으로 에임하여 스윙하는데 이때 공은 타깃 방향으로 가지 않고 오히려 심하게 오른쪽으로 날아가게 된다. 라이 각도가 업라이트해지지 않기 때문이다.

몸을 틀어 방향을 조절할 때 가장 위험한 스윙을 하게 된다.

어드레스 때 몸을 타깃 방향에 평행하게 정렬하고 스윙한다.
짧은 클럽만 공을 클럽 끝butt end에 위치시키고 스윙한다.

볼이 발보다 낮게 위치한 경우 downhill sidehill lie

볼이 발보다 낮게 있을 때 '다운힐 사이드힐downhill sidehill'에 볼이 있다고 한다. 어깨, 히프, 발선을 타깃 라인에 평행하게 어드레스한다. 클럽을 길게 잡고 몸을 숙여 셋업할 때 몸무게는 발뒤꿈치 쪽에 배분한다.

로프트가 작은 클럽(3i, 4i, 5i, 3w, 5w)일수록 임팩트 때의 라이 각도가 더욱 플랫해져 볼이 심하게 오른쪽 방향으로 가게 된다. 이때 클럽 페이스가 열려 맞게 되면 곧장 오른쪽으로 날아가는 푸시 슬라이스 샷을 하게 된다. 로프트가 작은 클럽을 사용해 긴 거리를 보낼 때 몸을 타깃 방향의 왼쪽으로 에임하여 스윙하지 말고(슬라이스가 더 심해질 수 있다), 타깃에 몸을 평행하게 정렬하여 어드레스하되 클럽 페이스만 약간 닫은(타깃 방향에 왼쪽으로) 뒤 그립하여 스윙한다.

그런데 로프트가 큰, 짧은 아이언은 볼이 오른쪽으로 가지 않는다. 그래서 몸을 타깃 방향의 왼쪽으로 에임하게 되면 볼이 왼쪽으로 가게 된다. 로프트가 큰, 짧은 아이언의 라이 각도는 임팩트 때 그다지 플랫해지지 않기 때문이다.

짧은 클럽을 사용할 때 공은 오른쪽으로 가지 않는다.
긴 클럽을 사용할 때만 클럽 페이스를 타깃 방향에
클로즈하고 그립하여 스윙한다.

오르막 라이 uphill lie 에서의 셋업과 스윙

업힐 uphill은 볼 앞에 섰을 때 왼발이 오른발보다 위에 있는 상황이다. 우선 발 위치가 높은 쪽, 즉 왼발 가까이 볼이 놓이도록 스탠스를 취하고 어깨를 지형과 평행하도록 기울여야 한다. 이때 몸 무게가 오른발에 치우치게 되므로 몸의 균형을 유지하기 위해 두 무릎을 타깃 방향을 향하게 셋업한다.

이러한 오르막 라이에서는 원래 클럽이 가진 로프트보다 로프트가 커지며 볼에 컨택되고 볼 위치도 왼쪽에 놓여 있어 볼이 왼쪽으로 가게 된다. 해결책은 클럽 페이스가 오른쪽으로 열리지 않도록 로프트만을 작게 하며 클럽의 끝 butt end을 왼쪽으로 옮기고 그립한 후 스윙하는 것이다.

공이 타깃의 왼쪽으로 가지 않으며 많이 뜨는 것도 방지된다. 이렇게 셋업하면 비록 업힐 지형이라도 평지와 같은 상황이 연출되어 평소와 같은 스윙을 할 수 있게 된다. 다만 임팩트를 지나 폴로스루 때 스윙이 위로 올려지는 느낌 ascending blow, upper blow 이 생기는 것이 평지에서 하는 스윙과 다른 느낌이다.

어센딩 블로우 한다.

돌발 상황 대처법

내리막 라이 downhill lie 에서의 셋업과 스윙

오른발이 왼발보다 위에 있는 다운힐 downhill 상황에서는 우선 발 위치가 높은 쪽 즉 오른발 가까이에 볼이 놓이게 하고 어깨를 지면과 평행하게 기울여야 한다. 이때 몸무게가 왼발 쪽으로 치우치게 되므로 몸의 균형을 유지하기 위해 두 무릎을 타깃 방향의 반대쪽으로 셋업한다.

스윙하면서 주의할 점은 임팩트를 지나며 클럽을 빨리 들어올리지 말고 지면을 따라 길게 폴로스루해 나가는 것이다. 이때 이러한 내리막길 라이에서는 원래 클럽이 가진 로프트보다 로프트가 작아지면서 볼에 컨택되고 볼 위치도 오른쪽에 놓여 있어 볼이 오른쪽으로 간다.

클럽 페이스가 닫히지 않도록 로프트만 크게 하며 클럽의 끝을 오른쪽으로 옮긴다.

해결책은 **클럽 페이스가 타깃 방향의 왼쪽으로 닫히지 않도록 로프트만을 크게 하며 클럽의 끝을 오른쪽 방향으로 옮기고 그립한 후 스윙하는 것이다.** 공이 타깃의 오른쪽으로 가지 않으며 적당한 탄도로 날아간다.

임팩트 후에 클럽을 빨리 들어올리지 말고 지면을 따라 길게 폴로스루하며 나간다.

페어웨이 벙커, 러프 등 어려운 상황 탈출법

디봇 자리에 볼이 멈춰 있거나, 한여름이나 한겨울에 잔디가 죽어 딱딱한 땅에서 볼을 쳐야 할 때, 잔디에 물이 질퍽거려 진흙 땅과 같은 상황에서, 모래 또는 흙 위의 듬성듬성 난 잔디 위에 있는 볼을 쳐야 할 때, 수리지ground under repair나 페어웨이 벙커, 러프에 볼이 빠져 있을 때 등 이 모든 경우에는 스윙하기 쉽고 볼을 쉽게 띄울 수 있는 로프트가 큰 클럽을 선택하는 것이 중요하다.

그 다음은 어드레스 때 미리 임팩트 순간의 자세와 비슷한 모습으로 셋업 자세를 만들어, 볼을 먼저 가격하고 나갈 수 있는 스윙을 할 수 있도록 한다. 그래서 볼은 스탠스 중앙에서 3~5cm 정도 오른발 쪽으로 놓는다. 몸무게는 왼발에 60~70% 실어 주고 왼발을 오른발보다 2~3cm 정도 뒤로 물려 스탠스만 타깃 방향에 10~15° 정도 오픈한다.

그립은 2~3cm 정도 짧게 잡고 평소보다 약간 강한 세기로 잡아 어려운 상황을 그립이 이길 수 있도록 한다. 백 스윙은 2/3 정도로 하며 전체 스윙을 컴팩트하게 한다. 특히 다운 스윙 때 볼을 치고 나가서 폴로스루하는 것에 역점을 두어야 한다. 겨울철 얼어붙은 땅바닥이나 잔디도 없는 페어웨이에서 페어웨이 우드 샷, 롱 아이언 샷을 할 때도 마찬가지 방법으로 한다.

러프에 볼이 빠졌을 때 일반적으로 우드대신 아이언을 많이 사용하지만 타깃 방향과 반대 방향으로 누운 잔디의 상황에서는 우드를 사용하는 것이 좋다. 특히 9번, 7번, 5번 우드를 사용하면 러프 탈출이 쉽다. 그러나 타깃 방향으로 누운 잔디의 상황에서는 로프트가 큰 아이언을 사용해야 한다.

잔디 결이 타깃 방향으로 누워 있는 러프에서는 로프트가 큰 아이언을 사용하여 스윙한다.

잔디 결이 타깃 방향과 반대로 누워 있는 러프에서는 로프트가 큰 우드를 사용해도 좋다.

디봇 등 페어웨이가 일반적인 상황이 아닐 때, 또는 페어웨이 벙커에 볼이 놓여진 상황

스윙은 2/3로 컴팩트하게 하며 임팩트를 지나 폴로스루하는 것에 역점을 둔다.

앞바람이 강할 때

강한 앞바람이 불 때는 볼을 낮게 깔아 보내는 것이 바람직하다. 거리 손실을 줄이면서 방향도 잘 컨트롤할 수 있기 때문이다. 소위 펀치 샷이라는 방식이다. 우선 **스탠스 중앙을 기준으로 5~7cm 정도 오른발 쪽에 볼을 위치시킨다.** 클럽 페이스가 열리지 않게 클럽 페이스의 로프트만을 살짝 줄이며 클럽의 끝 butt end 을 배꼽과 왼쪽 바지 주름 사이에 오도록 위치를 잡아주고 난 다음 그립을 한 다음 왼발에 무게를 싣자.

임팩트 때에는 클럽을 잡은 두 손이 클럽 헤드보다 먼저 나가는 상상을 한다. 클럽이 될 수 있는 한 지면과 가까이 하며 길게 폴로스루하여 오른쪽 허리(3시 방향) 이상 팔이 올라가지 않도록 피니시한다.

볼을 띄워 장애물을 넘겨야 할 때

볼을 띄워 나무를 넘긴다고 가정하자. 볼 위치는 스탠스 중앙을 기준으로 왼쪽. 클럽의 끝은 클럽 페이스가 닫히지 않게 주의하면서 로프트만 커질 수 있게 오른쪽 방향 즉 볼보다 뒤쪽에 위치시켜 그립을 한다.

클럽의 로프트를 최대한 살려 스윙할 수 있도록 몸무게를 오른발에 60~70%를 실어주고 다소 가파르게 백 스윙을 한다. 다운 스윙을 하면서 클럽을 들어올려 공을 높이 띄우려는 생각보다 오히려 클럽을 지면에 떨어뜨려 지면 속으로 파고드는 스윙을 상상한다. 임팩트를 지나 폴로스루로 가면서도 머리와 어깨 위치는 계속 타깃의 반대 방향으로 기울어져 있도록 한다.

돌발 상황 대처법

Chapter 10
숏 게임

드라이버 샷은 예술,
아이언 샷은 과학,
퍼팅은 영감이다.

퍼팅 putting

퍼터의 선택

아마추어 골퍼는 드라이버나 아이언에 비해 퍼터에 대한 관심이 적지만 퍼터의 선택은 무엇보다 중요하다. 처음 골프를 시작하는 사람은 퍼터의 샤프트가 클럽 헤드의 뒤쪽, 힐heel에 붙어 있는 것이 좋다. 이 퍼터는 백 스윙 때 클럽 페이스가 약간 오픈open되고 임팩트 때 스퀘어되었다가 폴로스루 때 약간 닫히는 아크 스트로크arc stroke를 할 수 있어 긴 거리 퍼트에 좋다.

샤프트가 클럽 헤드 중앙에 붙어 있거나 중앙과 힐 사이에 붙어 있는 퍼터를 좋아하는 사람도 많다. 이 퍼터로는 펜듈럼 스트로크pendulum stroke라 하여 클럽 헤드를 약간 든 채 백 스윙했다가 임팩트를 지나면서도 클럽 헤드를 약간 들어 스윙하는, 짧은 거리 퍼트에 좋다.

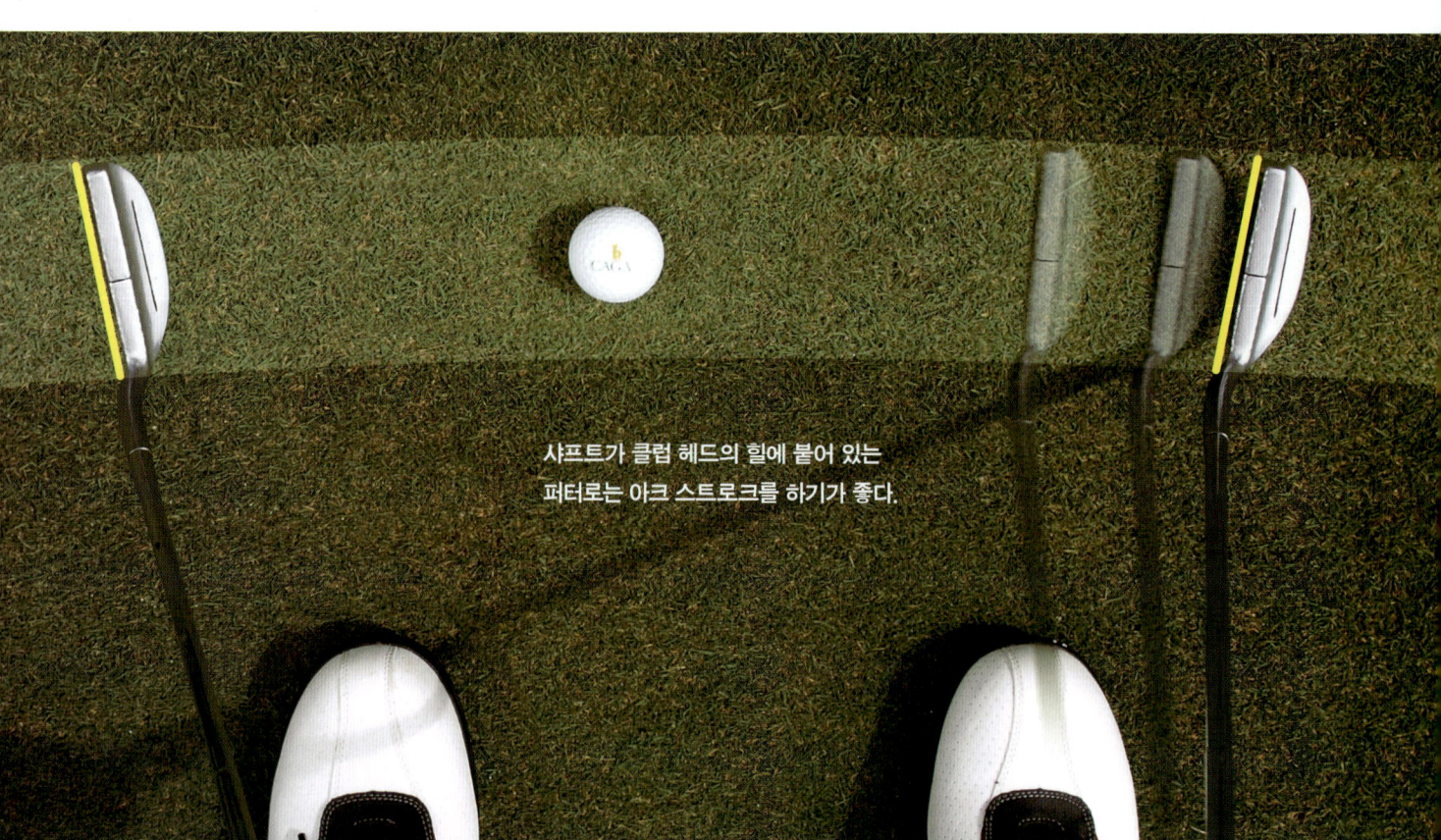

샤프트가 클럽 헤드의 힐에 붙어 있는 퍼터로는 아크 스트로크를 하기가 좋다.

샤프트가 클럽 헤드의 힐에 붙어 있는 퍼터는 긴 거리 퍼트에 좋다.

샤프트가 클럽 헤드의 중앙과 힐 사이에 붙어 있는 퍼터는 짧은 거리 퍼트에 좋다.

샤프트가 클럽 헤드의 중앙과 힐 사이에 붙어 있는 퍼터로는 펜듈럼 스트로크를 하기가 좋다.

퍼팅의 기본 개념

골프 스코어의 60~70%가 숏 게임(60야드 안쪽의 샷들)에서 이루어지며 그 중에서도 퍼팅이 40% 이상을 차지한다. 퍼팅은 개인마다 달라 그립, 셋업, 스트로크 스타일이 천태만상이지만 기본 개념은 같다. 퍼터를 쥐는 그립은 손목을 쓰지 않는 손바닥 그립으로 서로 손바닥이 마주보게 하여 좌우 엄지손가락이 일자로 내려지도록 해야 한다. 어깨의 업 앤 다운 up and down 움직임으로 스윙이 되어야 일관성 있는 스트로크를 할 수 있다. 왼 손바닥으로 밀어 백 스트로크하고 오른 손바닥으로 밀어 다운 스트로크하면 된다.

퍼팅 그립은 손바닥이 서로 마주 보게끔 잡아야 한다.

볼은 왼발에 가깝게 두고 몸무게는 왼발에 조금 더 실어준다.

왼 손바닥으로 백 스트로크한 후 오른 손바닥으로 다운 스트로크한다.

그립을 한 양 손이 볼보다 앞쪽에 있거나 볼과 같은 선상에 있는 것은 좋으나 볼보다 뒤쪽에 있으면 좋지 않다. 볼의 위치는 왼발 쪽에 놓고 왼발에 몸무게를 10~20% 더 배분해야 톱 스핀이 많아져 볼이 잘 구른다. 어드레스해서 홀을 바라볼 때는 고개를 들어서 보는 것이 아니라 턱을 타깃 방향으로 돌리고 머리는 타깃의 반대 방향으로 기울이는 방식으로 고개를 돌려야 한다.

홀을 바라볼 때 고개를 들어서 보면 안 된다.

양 손은 볼과 같은 선상에 있거나 앞쪽에 있어야 한다.

머리를 움직이지 말라

퍼팅 스트로크 때 톱 스핀을 많이 주기 위해서는 볼을 왼발에 가깝게 놓고 클럽이 위로 올라가면서 콘택트되는 어센딩 블로로 해야 하며, 일반 스윙과는 달리 하체의 움직임 없이 어깨의 업 앤 다운 up and down 움직임만으로 스트로크를 해야 한다. 임팩트를 지난 후에도 머리는 어드레스 때와 같은 상태를 유지해야 한다.

퍼팅 때에는 머리를 움직이지 않아야 한다. 아예 두 눈을 감고 퍼팅해 보면 머리의 움직임이 없어짐을 알 수 있다.

그래서 퍼팅은 눈이 아니라 귀로 본다는 말을 한다. 두 눈을 감거나 또는 왼쪽 눈을 감고 퍼팅해 보면 머리의 움직임이 없어지는 것을 알 수 있다. 아예 볼을 보지 말고 백 스윙부터 피니시까지 홀만을 바라보면서 스트로크해 보면 클럽 페이스의 열리고 닫힘이 적어짐을 알 수 있다.

아예 처음부터 홀만 바라보며 퍼팅해 보면 클럽 페이스의 열리고, 닫힘이 적어진다는 것을 알 수 있다.

오른손으로는 거리, 왼손으로는 방향을 컨트롤하라

오른손잡이는 퍼팅할 때 오른손이 거리 조절 역할을 한다. 거리 조절이 잘 안 되면 왼손은 떼고 오른손만으로 연습하면 좋다. 우선 그립의 강도를 약하게 한다. 볼은 왼발 쪽에 놓고 왼발에 몸무게를 60~70% 놓는다. 10~20개의 볼을 세로로 한 줄로 놓고 연속해서 치면서 리듬을 느껴 보자.

스트로크할 때 퍼터 헤드나 볼에 신경 쓰지 말고 오직 오른손에만 집중한다. 볼이 어느 방향으로 가든 상관없이 '얼마만큼의 스트로크 세기가 어느 정도의 거리를 내느냐'를 느끼면 된다. 퍼팅 스트로크 때 거리 조절은 백 스윙의 크기로 결정하는 것이 아니라 임팩트와 폴로스루 크기에 의해 결정되는 것으로 실제 거리 조절은 내 마음에 달려 있다고 보는 것이 더 과학적인 이야기가 될 것이다.

거리 조절 역할을 하는 오른손은 그립의 강도를 약하게 한다.

볼을 왼발 쪽에 놓고 몸무게를 왼발에 더 실은 후 볼을 연속해서 치면서 거리감 리듬감을 가져 보자.

왼손은 방향을 컨트롤하는 역할을 한다. 왼손은 손등을 타깃과 마주보게 잡는 정확한 손바닥 그립을 한다. 왼손으로만 퍼터를 쥐고 스트로크할 때 왼손 손등과 퍼터 페이스가 같은 각도^{angle}로 움직이도록 한다. 그래야 임팩트 때 클럽 페이스를 스퀘어하게 할 수 있다.

방향 컨트롤 역할을 하는 왼손은 손등을 퍼터 페이스와 같은 각도로 움직이게 한다.

입스 없애는 법

숏 퍼트를 실수해 버디나 파 찬스를 자주 놓치는 골퍼들의 입스(yips : 심리 불안으로 두 손이 떨려 퍼팅 스트로크를 견고하게 하지 못해 퍼트를 실패하는 것) 동작을 막기 위한 퍼팅 연습 방법을 소개한다. 퍼터 그립 끝 구멍에 티^{tee}를 꽂는다. 어드레스를 하고 클럽 헤드의 페이스를 보지 말고 티를 본다. 스트로크 중에는 물론 피니시하고 난 후에도 계속 티를 보고 있어야 한다.

그립이 시작되는 부분에 동그라미를 표시해 놓고 이것을 보며 스트로크하는 방법도 있다. 또는 오직 두 손에 집중해 두 손만 보며 스윙하는 방법도 효과를 볼 수 있다.

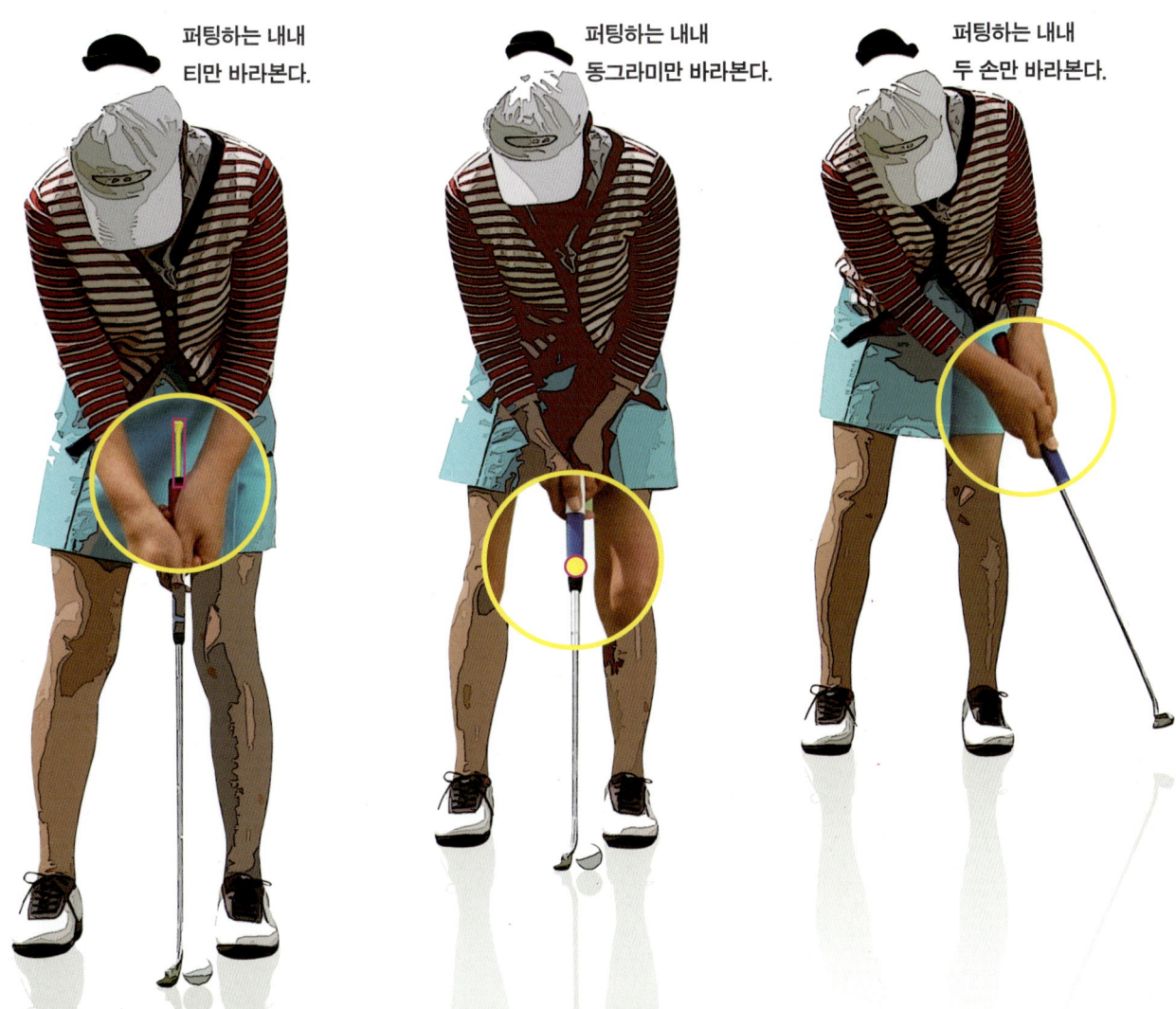

그린 경사를 더 읽어야 하는 경우들

추위가 꺾일 줄 모르고 매서움을 더하고 있는 겨울철 그린은 마치 유리판 같다. 땅이 얼고 풀이 말라 지면이 딱딱하기 때문이다. 이러한 겨울철 그린에서는 볼이 구르는 속도가 빨라지기 때문에 눈에 보이는 것보다 경사를 더 읽어야 한다.

또, 잔디 결이 그린 기울기에 따라 누워 있거나 바람이 부는 방향을 따라 그린이 기울어져 있다면 보이는 것보다 경사를 더 읽어 주어야 한다. 같은 그린이라도 오후보다 아침에 더 경사를 많이 봐줘야 한다.

물이나 깊은 해저드가 있으면 그 방향으로 휘어져 볼이 구른다. 또, 퍼팅 스트로크를 하려는 방향에 큰 산이 있으면 아무리 내리막 지형이라도 볼의 속도가 느려지며 퍼팅 스트로크를 하려는 방향의 반대쪽 즉 퍼팅 브레이크를 읽으려고 볼 뒤에 앉아 있을 때 등 뒤에 산이 있으면 볼의 속도가 빨라지게 됨을 참고하여 스트로크의 세기를 조절해야 한다.

빠른 그린을 위한 스피드 조절 연습

빠른 그린에서는 스피드가 빠를 것이라고 상상하여 너무 힘을 뺀 채 살며시 스트로크를 해 결국 스피드가 모자라 항상 홀에 미치지 못한 채 멈추게 된다. 연습 그린의 홀 주변 5cm 정도 떨어진 곳에 클럽을 하나 눕혀 놓는다.

그리고 홀에서 가장 먼 그린의 가장자리에서 스트로크를 해본다. 이때 볼이 클럽을 지나서 홀로 들어갈 수 있도록 스트로크하는 것이 중요하다. 다음은 그 거리의 3/4, 2/4, 1/4 지점에 차례로 볼 3개씩을 놓고 연습한다. 빠른 그린에서 항상 피니시가 불안정하고 치다 만 듯한 스트로크를 하는 골퍼에게 필요한 연습 방법이다.

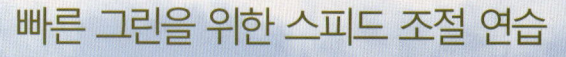
볼이 클럽을 지나서 홀로 들어갈 수 있도록 스트로크해야 한다.

볼 뒤의 풀이 길 때는 볼을 퍼터 토로 찍어 쳐라

에이프런apron; 그린을 둘러싼 지역과 프린지fringe; 그린의 가장자리 경계에 볼이 위치했을 때 볼 바로 뒤에 잔디를 누르지 않을 정도로 샌드 웨지 클럽을 대고 퍼팅하듯 쳐야 한다. 그런데 에이프런과 프린지 경계에 볼이 있고 볼 뒤에 풀이 길게 올라와 있을 때는 퍼터의 토toe를 이용해야 한다. 볼 위치는 퍼팅할 때와 같이 왼발 가까이 놓고, 왼발에 60~70% 몸무게를 싣는다. 퍼터 토로 목표 선을 향해 볼 뒤의 중앙에 맞춘다. 퍼터 힐은 약간 들어주고 눈은 볼 뒤에 고정한다. 긴 백 스윙으로 스윙하면 볼을 제대로 맞추기 어렵기 때문에 백 스윙은 짧게 해야 하고 퍼터 토로 공의 뒤를 찍듯이 다운 스트로크한다.

볼은 왼발 가까이에 놓고 왼발에 60~70% 몸무게를 싣는다. 퍼터 힐은 약간 들어 준다. 눈은 볼 뒤에 고정하고 백 스윙은 짧게 하며 퍼터 토로 공 뒤를 찍듯이 다운 스트로크한다.

치핑 chipping

칩 샷 때 양 손목은 고정하고 피니시는 낮게 하라

홀에서 10~15m 거리에 떨어져 프린지나 페어웨이에 볼이 위치해 있어 퍼팅 스트로크가 곤란한 경우가 있다. 이 때가 진정한 칩 샷의 테크닉을 보여줄 기회이다. 어깨를 타깃에 평행하게 하고 왼발은 오른발보다 뒤로 물려 오픈 스탠스하고 왼발에 몸무게의 70~80%를 배분한다. 볼은 스탠스의 가운데에서 오른발 쪽에 놓는다. 클럽 페이스가 타깃에 열리지 않게 직각으로 맞추고 샤프트의 끝 butt end을 왼쪽 바지 줄 쪽에 위치시키고 난 다음 그립한다.

홀에서 10~15m 거리에 떨어져 프린지나 페어웨이에 볼이 위치한 경우 칩 샷이 유리하다.

왼발을 오른발보다 뒤로 물려 오픈 스탠스를 하고 몸무게의 70~80%를 실어 준다.

볼은 스탠스의 가운데에서 오른발 쪽에 놓는다.

이렇게 셋업을 해놓고도 다운 스윙을 하면서 클럽을 들어올리는 동작을 함으로써 볼을 아예 그린 위에 올리지 못하거나 홀에서 너무 멀리 굴러가는 토핑 샷을 하는 경우가 있다. 이러한 골퍼들은 칩 샷 스윙 테크닉을 몸에 익히는 연습을 해야 한다. 빈 상자 두 개를 세워 놓고 그 위에 클럽을 올려놓는다.

왼손은 스트롱 그립을 하고 오른쪽 손목은 커핑 상태를 그대로 유지할 수 있도록 중성 그립 내지 약한 그립을 한다. 임팩트를 지나 폴로스루와 피니시 때 클럽을 낮고 짧게 해 상자 위에 올려놓은 클럽을 건드려 떨어지지 않도록 집중하며 연습해야 한다.

클럽을 들어올리는 동작

임팩트를 지나 폴로스루와 피니시 자세를 낮고 짧게 해 상자 위에 올려놓은 클럽을 떨어뜨리지 않도록 해야 한다.

칩 샷의 두 가지 포인트

칩 샷의 첫 번째 포인트는 어려운 라이일수록 볼 위치를 오른발 쪽에 놓고 샤프트의 끝 butt end 위치를 타깃 방향으로, 즉 볼보다 앞쪽에 위치시켜 놓고 난 다음 그립을 하여 그립한 손의 위치가 클럽 헤드나 볼 위치보다 앞쪽에 놓이게 하는 것이다.

그립을 하고 난 후 샤프트를 허벅지 쪽으로 가져가면 페이스가 열리고 볼이 목표 방향의 오른쪽으로 가는 사이드 스핀이 생겨 거리 조절이 어렵다. 두 번째는 손이나 팔로만 스윙하는 것이 아니라 무릎을 사용하는 하체의 리드가 필요하다는 것이다.

무릎을 사용하는 하체의 리드가 필요하다.

칩 샷이나 피치 샷 때는 클럽 페이스를 스퀘어하게 유지하라

셋업 때 클럽 페이스가 열리는 것을 막기 위해 우선 볼 뒤에 클럽 페이스를 타깃 방향과 직각으로 맞춘 후 클럽 끝butt end을 왼쪽 허벅지 또는 왼쪽 바지 줄이 있는 곳까지 가져간다. 이때 클럽 페이스가 열리지 않도록 주의해야 한다.

클럽 페이스가 열리지 않게 하려면 클럽 끝을 왼쪽 허벅지로 가져갈 때 클럽 페이스의 로프트를 작게 만들며 가져가야 페이스가 열리지 않는다. 특히 클럽 페이스를 타깃 방향과 직각을 유지하며 클럽 끝을 왼쪽 바지 줄까지 가져간 후에 양손을 그립해야 하는 것이 더 중요한 과정이다.

그립을 한 후 클럽 끝의 위치를 옮기면 페이스가 열리게 된다.

클럽 페이스를 타깃 방향과 직각으로 맞춘 후 클럽 끝을 왼쪽 바지 줄 있는 곳까지 가져다 놓은 후 그립한다.

그립은 퍼터처럼
셋업과 스윙은 칩 샷처럼

5. 클럽 페이스는 타깃과 직각으로 맞추고 샤프트 끝은 타깃 방향으로 볼보다 앞에 위치시키고 난 후 나중에 그립한다.

퍼트 칩이란 클럽을 퍼터를 잡듯이 그립하고, 칩 샷을 할 때와 같은 셋업에 칩 샷 할 때와 같은 스윙 테크닉을 활용하는 샷이다.

볼을 오른발 쪽, 즉 오른쪽 눈이 지면과 직각으로 떨어지는 위치에 놓는다. 스탠스는 좁게 벌려 타깃 방향에 10°정도 오픈한다. 어깨는 타깃에 스퀘어하게 만들어 몸과 볼의 거리를 가깝게 해 일반 칩 샷을 할 때보다 등이 세워지도록 자세를 취한다.

클럽의 바닥sole에서 힐heel 부분을 지면에서 살짝 들어올린다. 클럽 페이스는 타깃에 직각으로 맞춘다. 클럽 페이스가 타깃과 직각인 상태에서 샤프트의 끝butt end을 타깃 방향으로 볼보다 앞쪽에 위치시키고 난 후 그립한다.

그립은 서로 손바닥이 마주보게 하는 퍼터 그립 즉, 손바닥 그립을 한다. 스윙은 일반 칩 샷과 같은 형식으로 하되 다운 스트로크 때 클럽의 토우로 지면을 찍듯이 다운 블로하면 더욱 견고한 샷을 할 수 있다.

3. 볼은 오른쪽 눈이 직각으로 떨어지는 위치에 놓고 스탠스는 좁게 벌려 타깃 방향에 10 정도 오픈한다.

우드 클럽으로 칩 샷하기

잔디 상황이 좋고 지면이 딱딱하지 않으면 잔디를 찍어 치는 칩 샷을 해야 한다. 하지만 지면이 딱딱한 상황에서는 로프트가 큰 클럽을 사용하면 클럽의 바닥면^{sole}이 지면에서 바운스되며 튀어 올라 볼을 두 번 치게 된다. 이럴 때 페어웨이 우드를 사용하면 효과 만점이다.

퍼터를 잡듯이 그립하되 매우 짧게 거의 샤프트 부분을 잡는다. 클럽 헤드의 힐을 지면에서 위로 들어올려 클럽을 세워 잡는다. 몸무게는 왼발에 싣고 볼의 위치는 스탠스의 가운데 또는 약간 왼쪽에 둔다. 스트로크는 퍼팅 스트로크와 같은 형식으로 한다.

지면이 딱딱한 상황에서 치핑 때 로프트가 큰 샌드 웨지 클럽을 사용하면 클럽의 바닥면이 지면에 부딪쳐 튀어 올라 볼을 두 번 치게 된다.

지면이 딱딱한 상황에서는 페어웨이 우드를 퍼터 잡듯이 손바닥 그립하고 클럽을 매우 짧게, 힐을 지면에서 위로 들어올려 세워 잡고 퍼팅 스트로크한다.

프린지 경계에선 샌드 웨지로 퍼팅하라

볼이 에이프런apron과 프린지fringe의 경계에 위치해 있을 때 샌드 웨지를 사용하면 둥근 바닥면flange이 촘촘하고 억센 잔디 위를 미끄러지듯이 나아갈 수 있어 유리하다. 볼은 왼발 쪽 가까이 놓는다. 샌드 웨지의 리딩 에지를 볼의 중간에 가져다 대고 가장 밑에 있는 페이스 라인을 타깃과 직각으로 맞춘다.

이때 샌드 웨지의 밑바닥이 잔디를 누르지 않을 정도로 클럽을 살짝 들고 그립해야 한다. 마치 퍼팅 스트로크하듯이 백 스윙을 했다가 다운 스윙을 한다. 샌드 웨지를 가지고 퍼팅 스트로크하는 것이다. 두 손이 볼보다 앞쪽으로hands forward 가지 않게 하며 등은 좀 세우는 것이 좋다.

샌드 웨지의 밑바닥이 잔디를 누르지 않을 정도로 클럽을 살짝 들고 있어야 한다.

등을 너무 숙이는 것은 좋지 않다.

샌드 웨지의 리딩 에지로 볼의 중간을 치며 퍼팅 스트로크한다.

숏 게임 293

피칭 pitching

올바른 피치 샷의 노하우

긴 클럽 같은 경우 백 스윙이 올바르지 못해도 다운 스윙을 하며 여러 가지 조작 행위를 통해 임팩트 순간에 볼을 잘 콘택트할 수 있다. 그러나 피치 샷은 짧은 순간에 이뤄지는 스윙이므로 잘못된 백 스윙을 보상할 시간이 없어 테이크 어웨이나 백 스윙이 잘못되면 올바른 피치 샷은 거의 불가능하다.

백 스윙 스타트를 너무 안쪽이나 너무 바깥쪽으로 가져가는 것은 좋지 않다.

올바른 피치 샷을 위해서는 백 스윙 플레인을 올바로 해야 한다. 백 스윙 스타트를 타깃 방향 안쪽으로 가져가서는 안 되고 클럽을 타깃 방향 너무 바깥쪽으로 들어올리는 것도 좋지 않다. 왼손과 오른손의 간격을 띄운 채 그립하여 스윙 연습을 한다 왼팔이 지면과 평행하게 됐을 때 클럽의 끝$^{butt\ end}$이 공을 향하게 백 스윙한다.

아마추어 골퍼들이 피치 샷을 할 때 대부분의 실패 샷의 원인인, 클럽을 낮게 오른쪽 허리 뒤로 돌려 플레인을 낮고 플랫하게 만드는 백 스윙을 고칠 수 있는 좋은 연습 방법이다.

백 스윙 플레인을 올바르게 만드는 연습

견고한 피치 샷을 위한 보물

'뒤땅'도 아니고 '토핑'도 아닌 견고한 피치 샷이 항상 이뤄지도록 하기 위해 간직해야 할 보물이 있다. 몸무게의 60~70%를 왼발 쪽에 놓고 볼을 스윙 아크의 최저점보다 오른쪽에 놓는다. 그리고 샤프트 끝butt end을 몸 중앙과 왼쪽 바지줄 사이에 위치시키고 그립을 하여 클럽을 잡은 두 손이 볼보다 앞쪽에 있게 한다. 이렇게 하면 클럽 헤드가 볼을 먼저 치고 난 다음 지면을 치게 되어 느낌이 견고한 피치 샷을 할 수 있다. 다운 스윙은 밑으로 내리치는 듯한 동작이어야 한다.

토핑을 자주 일으키는 사람은 클럽을 땅에 대지 말고 약간 든 채 어드레스하면 클럽 헤드를 지면에서 잘 떨어뜨릴 수 있다. 볼을 띄워야겠다는 마음으로 클럽을 들어올리며 왼쪽 손목이 꺾이도록 폴로스루, 피니시를 해서는 느낌이 견고한 피치 샷은 불가능하다. 디센딩 블로하여 임팩트를 지나며 클럽을 잡은 두손의 위치가 클럽 헤드보다 앞서 나가는 동작이 되고 클럽을 지면에 가까이하여 폴로스루, 피니시한다.

클럽을 공 뒤 지면에 대지 않고 들어올린 채 어드레스한다.

클럽을 잡은 두 손이 클럽 헤드보다 먼저 가도록 스윙하며 클럽이 지면과 가깝게 폴로스루, 피니시하게 한다.

무릎과 히프의 리드로 몸과 클럽이 함께 회전해야 한다

그린에서 10야드(9m) 이내의 짧은 거리 피치 샷을 할 때는 클럽 헤드를 지면으로부터 들어올리듯 백 스윙한 후 클럽 헤드를 지면에 떨어뜨려 임팩트하고 클럽을 지면에서 낮게 폴로스루, 피니시를 해야 된다. 그런데 10야드 이상 떨어진 거리에서 피치 샷을 할 때는 백 스윙을 하면서 몸통이 회전하기 때문에 클럽 페이스가 조금 열린다. 다운 스윙을 하면서 무릎과 엉덩이가 스윙을 리드하고 몸과 클럽이 함께 회전하며 클럽 페이스가 점차 닫혀야 한다.

클럽 페이스가 열린 채 피니시되면 거리와 방향 컨트롤이 어렵다.

무릎과 엉덩이가 스윙을 리드하며 클럽 페이스는 점차 닫혀야 한다.

하지만 많은 골퍼들이 백 스윙을 하면서 클럽 페이스는 열고 임팩트를 지나 폴로스루하면서 클럽을 닫지 않고 연 채 피니시를 하려 한다. 클럽 페이스가 열린 채 임팩트를 지나 폴로스루, 피니시되면 거리 컨트롤이 어려울 뿐 아니라 볼이 타깃의 오른쪽으로 가게 되며, 생크 샷까지 생긴다.

먼 거리 칩 샷이나 피치 샷을 할 때는 오른손 하나로 스윙 연습을 하면서 몸 전체와 클럽이 함께 회전됨을 느껴야 한다. 그런데 이때 무릎이나 엉덩이의 회전 없이 팔과 손, 클럽 페이스만을 돌리면 볼은 오히려 왼쪽으로 간다.

오른손 하나로 스윙 연습을 하면서 몸 전체와 클럽이 함께 회전됨을 느껴보자.

무릎이나 히프의 회전 없이 팔과 손, 클럽 페이스만을 돌리는 것은 금물

볼을 높이 띄우며 스핀을 많이 주어야 할 때

볼을 높이 띄워 그린에서 많이 구르지 않고 정지시켜야 하는 상황에 필요한 샷을 '로브 샷lob shot', '플롭 샷flop shot' 혹은 '컷 샷cut shot' 이라고 한다. 우선 몸 전체와 스탠스를 타깃 방향의 왼쪽으로 오픈하고 볼의 위치는 스탠스의 중앙에서 왼쪽에 위치시킨다. 샌드 웨지를 타깃 방향에 30° 이상 오픈하여 볼에서 7~10cm 뒤에 놓고 어드레스한다. 볼에서 7~10cm 뒤의 잔디를 치면서 임팩트하면 볼이 높이 뜬다.

이렇게 볼을 처음부터 많이 띄우기 위해 클럽 페이스를 오픈하면 볼은 타깃 방향의 오른쪽으로 가는 스핀이 생긴다. 그래서 볼을 타깃 방향으로 보내려면 이를 보상할 수 있도록 몸 전체와 스탠스를 타깃 방향의 왼쪽으로 겨냥해야 하는 것이다. 즉, 몸 전체와 스탠스를 모두 타깃 방향에서 30° 이상 오픈해야 한다. 이때 주의해야 할 것은 타깃 방향에 클럽 페이스를 오픈하여 볼에서 7~10cm 뒤에 가져다 대고 난 뒤에 그립해야 한다는 점이고 임팩트를 지나 폴로스루, 피니시 때 클럽 페이스가 하늘을 향해 열려 있도록 왼팔을 잡아당기며 스윙해야 한다.

어깨와 스탠스 모두 타깃 방향에 왼쪽으로 오픈한다.

타깃 방향에 클럽 페이스를 오픈하여 볼에서 7~10cm 뒤에 가져다 대고 난 뒤에 그립한다.

볼은 스탠스의 중앙에서 왼쪽에 위치시킨다.

폴로스루, 피니시 때 클럽 페이스가 하늘을 향해 열려 있도록 왼팔을 잡아당기며 스윙한다.

그린 주변에서의 벙커 샷

벙커 샷을 위한 기본 철칙

첫째, 타깃 방향에 몸 전체와 스탠스를 오픈하여 몸을 정렬하고 클럽 페이스를 오픈한다. 보통 클럽 페이스, 몸 모두 15~20° 정도 오픈하지만 짧은 거리의 벙커 샷, 또는 벙커턱이 높을 수록 클럽 페이스, 몸 전체와 스탠스를 좀더 오픈한다.

둘째, 클럽 페이스를 오픈한 후에 그립해야 한다. 오른손을 약한 그립 weak grip으로 잡으면 스윙하면서 클럽 페이스를 오픈 상태로 유지하기 쉽다.

셋째, 볼은 스탠스 중앙에서 왼발에 가깝게 놓으며 몸무게는 양쪽에 똑같이 배분한다. 볼을 많이 띄워야 할 때는 왼발 쪽에 좀더 가깝게 놓고 몸무게는 오른쪽에 좀더 실리게 한다.

넷째, 발 선과 평행하게 볼에서 뒤로 클럽을 물리며 테이크 어웨이한다. 가파르게 클럽을 들어올리면 리딩 에지가 먼저 모래를 가격하여 클럽이 모래에 박히게 된다.

다섯째, 백 스윙 길이를 짧거나 길게 하여 백 스윙의 크기로 거리를 조절해서는 안 된다. 백 스윙은 거리에 상관없이 충분히 하되 임팩트의 세기와 폴로스루, 피니시의 크기로 거리를 조절하는 연습을 해야 한다.

백 스윙 때 클럽을 몸 주변으로 돌려 클럽이 낮고 평평하게 하는 것은 절대 금물이다.

306 최혜영의 손이 편한 골프

여섯째, 볼이 모래에 가라앉은 정도 만큼 두 발을 모래 속에 묻히게 한다. 발이 모래에 너무 많이 묻히면 클럽의 플랜지flange가 모래 속을 슬라이딩하여 빠져나오기 힘들어 소위 벙커 뒤땅 샷을 하게 된다. 또 발이 모래에 너무 묻히지 않으면 토핑 샷을 하기 쉽다.

샌드 웨지의 플랜지가
　모래 속을 파고 들어가게 스윙하라

샌드 웨지는 벙커 샷을 잘할 수 있도록 디자인되어 있다. 클럽 헤드 바닥sole이 넓고 무겁게 돼 있는데 이를 플랜지flange라고 한다. 이것은 클럽의 리딩 에지leading edge보다 낮게 자리잡고 있어 리딩 에지가 모래에 닿기 전에 먼저 모래를 파고 들어가게 된다.

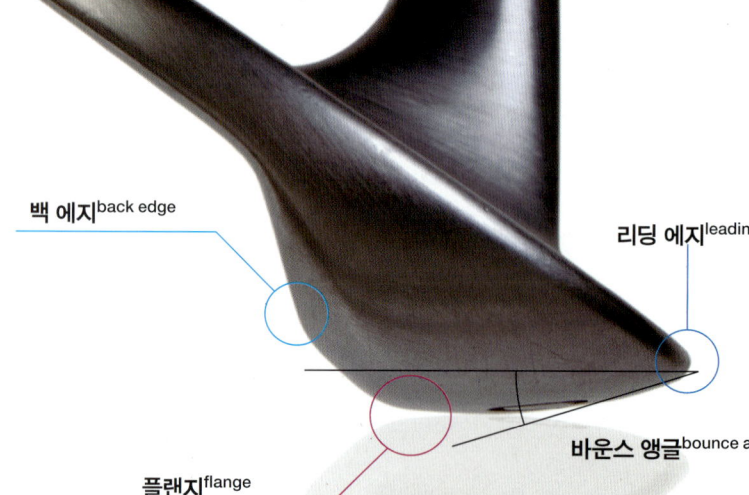

백 에지 back edge

리딩 에지 leading edge

바운스 앵글 bounce angle

플랜지 flange

나무토막 위에 모래를 덮고 그 위에 볼을 올려놓은 후 샌드 웨지로 스윙을 하여 클럽의 플랜지로 모래를 파고 들어가 나무 토막을 치고 나가는 연습을 해보자.

또 모래 속에 티를 꽂아 볼을 모래에 앉아 있게 한다. 샌드 웨지의 플랜지로 모래를 파고 들어가 티를 치고 나가는 연습을 해 본다. 벙커 샷을 이해할 수 있는 좋은 연습들이다.

모래 속 티를 치는 연습

모래 속 나무 토막을 치는 연습

그린에 볼을 빨리 세워야 할 때

그린 근처의 벙커에서 샷을 할 때, 깃대가 그린 시작하는 곳에서 가까이 꽂혀 있는 경우 볼을 많이 띄워 그린에서 구르지 않게 정지시켜야 한다. 백 스윙은 충분히 하되 임팩트를 지나 폴로스루, 피니시를 짧게 하는 것이 노하우다. 이때 볼 위치는 왼발 쪽에 가까이 놓고 클럽 페이스와 몸을 모두 30° 이상 타깃 라인에 오픈한다. 몸무게는 오른발에 좀더 실어 준다.

백 스윙은 양 발과 몸 라인을 따라 올리며 손목 코킹이 이루어져야 한다. 다운 스윙 때 코킹이 빨리 풀어지지 않게 하여 임팩트 때 파워가 클럽 헤드에 전달되면 볼 밑의 모래를 퍼올리면서 볼이 높이 뜨게 된다. 스윙 크기에 상관없이 스윙 리듬과 템포는 항상 일정해야 한다. 짧은 거리의 샷이라고 스윙을 빨리 하고 먼 거리의 샷이라고 해서 느리게 하거나 세게 해서는 안 된다.

폴로스루는 짧게 하고 거리에 상관없이 스윙 리듬과 템포는 항상 일정해야 한다.

딱딱한 모래 바닥 벙커에서의 샷은 피칭이나 9번 아이언이 낫다

샌드 웨지나 로브 웨지는 클럽의 밑바닥 부분이 둥글게 내려앉은 모양으로 돼 있기 때문에 벙커 속 모래가 밀가루처럼 부드럽지 못하고 입자가 굵으며 서로 엉켜 지면처럼 딱딱하게 굳어 있을 때 로프트와 바운스가 큰 샌드 웨지 클럽을 오픈open해 놓고 스윙을 하면 클럽이 모래 속을 파고 들어가지 못하고 볼을 치게 된다.
이때 딱딱한 모래를 치고 위로 튀어오른bounce 클럽 헤드가 공중으로 올라간 볼을 한 번 더 치게 되는 현상이 일어난다.

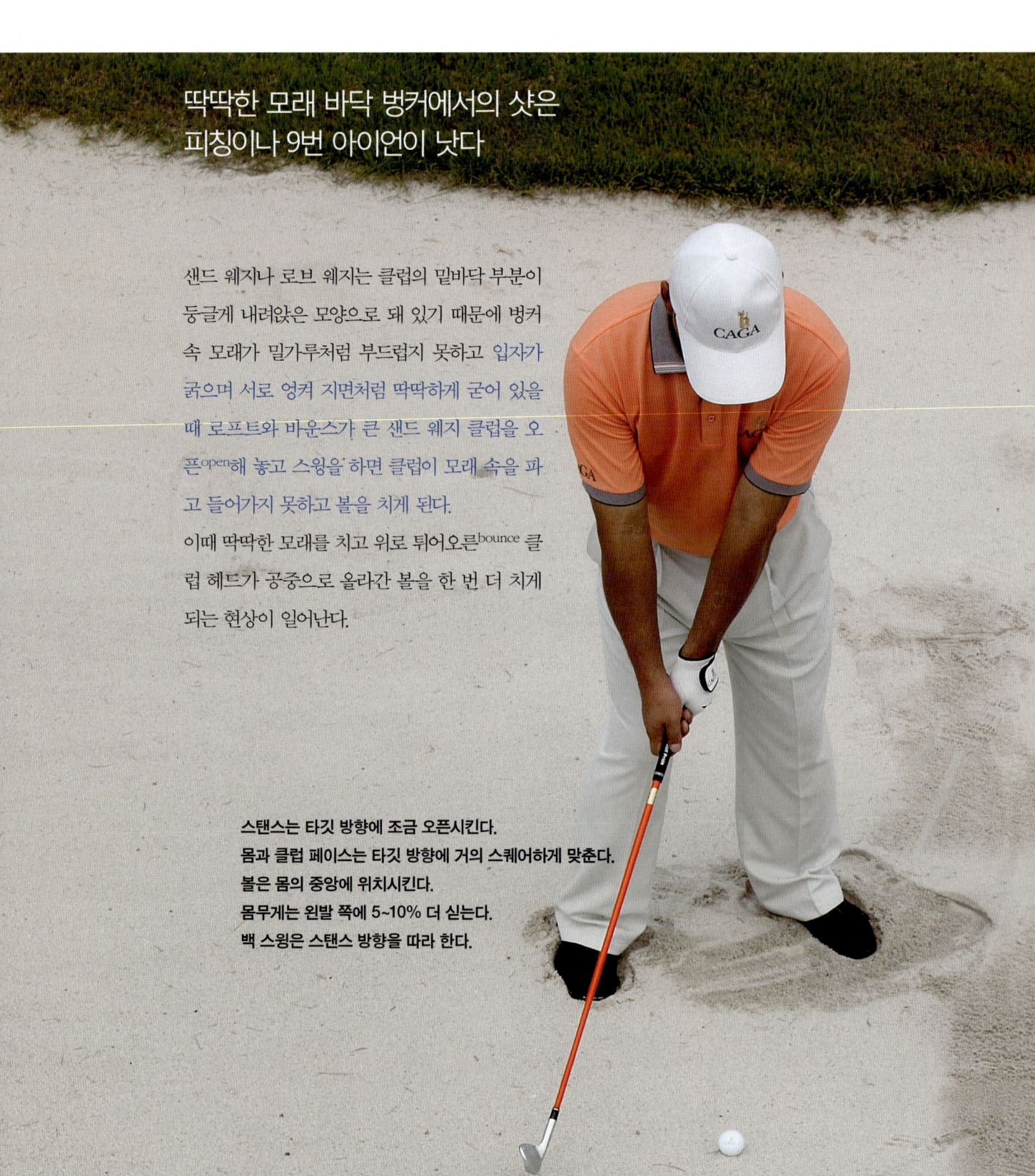

스탠스는 타깃 방향에 조금 오픈시킨다.
몸과 클럽 페이스는 타깃 방향에 거의 스퀘어하게 맞춘다.
볼은 몸의 중앙에 위치시킨다.
몸무게는 왼발 쪽에 5~10% 더 싣는다.
백 스윙은 스탠스 방향을 따라 한다.

딱딱한 모래에서는 샌드 웨지 대신 바운스가 적은 피칭 웨지나 9번 아이언을 사용하면 좋다. 스탠스는 조금 오픈한다. 몸과 클럽 페이스는 거의 열지 않는다. 볼은 몸의 중앙에 위치시킨다. 몸무게는 왼발 쪽에 5~10% 더 싣는다.

백 스윙은 스탠스 방향을 따라 하고 다운 스윙은 몸 방향을 따라 내려오면서 볼에서 10~15cm 뒤쪽의 모래를 쳐야 한다.

다운 스윙은 몸 방향을 따라 내려오면서 볼에서 10~15cm 뒤쪽의 모래를 쳐야 한다.

16개월의 대장정을 마무리하며

이 책을 기획하고 탈고하는 데까지 장장 일년하고도 4개월이 더 걸렸다. 작렬하는 태양 아래서 하루 9시간씩 촬영하기를 열두 차례. 그렇게 촬영하고 나면 3일 간은 몸살로 누워 있어야 했고 여름이 지나자 잔디 색이 변해 말레이시아에서 추가 촬영을 하는 등 총 7,000여 장에 달하는 사진을 찍었다. 어떻게 하면 좀더 독자들이 쉽게 이해할 수 있을까 하는 고민 속에 책을 디자인했고, 그에 따라 수많은 이미지 합성 작업이 필요했다.

10여 년 이상 골프를 쳐왔지만 〈최혜영의 손이 편한 골프〉를 디자인하면서 다시금 골프의 매력에 빠져들게 되었고 작업하는 내내 즐거운 마음을 가질 수 있었다. 저자의 정확하고 완벽을 기하는 성격 때문에 수없이 재촬영하는 등 고생도 따랐지만 그 덕분에 더욱 완성도 있는 책이 나올 수 있었다. 끝까지 우리를 믿고 아낌없는 지지를 보내 준 최혜영 프로님께 감사드린다.

기획 및 디자인 임수혁

최혜영의 손이 편한 골프

© 최혜영

2007년 10월 30일 초판 1쇄 발행
2015년 8월 14일 초판 6쇄 발행

지은이 | 최혜영
발행인 | 이원주
책임편집 | 이한아
책임마케팅 | 문무현
디자인, 일러스트, 사진 | 임수혁, 김태형

발행처 | (주)시공사
출판등록 | 1989년 5월 10일(제3-248호)

주소 | 서울 서초구 사임당로 82(우편번호 137-879)
전화 | 편집 (02)2046-2853 · 마케팅 (02)2046-2894
팩스 | 편집 (02)585-1755 · 마케팅 (02)588-0835
홈페이지 | www.sigongsa.com

ISBN 978-89-527-5002-0 03690

본서의 내용을 무단 복제하는 것은 저작권법에 의해 금지되어 있습니다.
파본이나 잘못된 책은 구입하신 서점에서 교환하여 드립니다.